LA BIBLIA
Y SUS SECRETOS

LA BIBLIA
Y SUS SECRETOS

Un viaje sin censuras
al libro más vendido
del mundo

JUAN ARIAS

AGUILAR

D. R. © Juan Arias, 2004

De esta edición:
D. R. © Santillana Ediciones Generales, S. A. de C. V., 2004
Av. Universidad 767, Col. del Valle
México, 03100, D.F. Teléfono 54207530

· Distribuidora y Editora Aguilar, Altea, Taurus, Alfaguara, S. A.
  Calle 80 Núm. 10-23, Santafé de Bogotá, Colombia.
· Santillana Ediciones Generales, S.L.
  Torrelaguna 60-28043, Madrid, España.
· Santillana S. A.
  Av. San Felipe 731, Lima, Perú.
· Editorial Santillana S. A.
  Av. Rómulo Gallegos, Edif. Zulia 1er. piso
  Boleita Nte., 1071, Caracas, Venezuela.
· Editorial Santillana Inc.
  P. O. Box 19-5462 Hato Rey, 00919, San Juan, Puerto Rico.
· Santillana Publishing Company Inc.
  2043 N. W. 87 th Avenue, 33172. Miami, Fl., E. U. A.
· Ediciones Santillana S. A. (ROU)
  Cristóbal Echevarriarza 3535, Montevideo, Uruguay.
· Aguilar, Altea, Taurus, Alfaguara, S. A.
  Beazley 3860, 1437, Buenos Aires, Argentina.
· Aguilar Chilena de Ediciones, Ltda.
  Dr. Aníbal Ariztía 1444, Providencia, Santiago de Chile.
· Santillana de Costa Rica, S. A.
  La Uruca, 100 mts. Este de Migración y Extranjería, San José, Costa Rica.

Primera edición en España: enero de 2004
Primera edición en México: junio de 2004
Primera reimpresión: julio de 2005

ISBN: 968-19-0923-2

D. R. © Diseño de cubierta: Antonio Ruano Gómez
Diseño de interiores: La Buena Estrella
Fotografía de portada: © National Gallery Collection; by kind permission
of the Trustees of the National Gallery, London/CORBIS

Impreso en México

Para Roseana, cómplice amorosa de este libro,
al que tanto ayudó con su lectura crítica

«Vio Dios cuanto había hecho y todo estaba muy bien.
Y atardeció y amaneció.»

(Gén. 1, 31)

Índice

Segunda parte. Los misterios y los nombres

Introducción

EL LIBRO MÁS VENDIDO DEL MUNDO

La Biblia es el único libro declarado Patrimonio de la Humanidad. Por eso se llama también «el Libro», sin más. Judíos y cristianos consideran la Biblia como un texto sagrado, porque creen que fue revelado por Dios. Pero también los no creyentes leen estos escritos con más de tres mil años de historia con respeto e interés especiales. Nadie, al hacer una limpieza en su biblioteca particular, arrojaría una Biblia a la basura como si se tratara de un libro cualquiera.

He visto, incluso en casas de agnósticos, la Biblia colocada en un atril, en un lugar privilegiado del salón, como suele hacerse en las iglesias. Existe la conciencia de que la Biblia merece, como libro, un trato especial, como si poseyera algo de lo que otros libros carecen. Quizá por ello, en algunas familias, cuando nace un nuevo hijo, se escribe su nombre en la Biblia, como si el libro sagrado fuera el objeto más preciado de la herencia doméstica.

La Biblia es, sin duda, el libro más vendido en el mundo y el más traducido. Se ha publicado en 1850 lenguas y dialectos y se suele encontrar en la mesilla de noche de los hoteles más importantes del mundo. ¿Es también el libro más leído? No lo sé, pero, sin duda, es el libro más consultado, citado y estudiado, y sobre el que más trabajos científicos y ensayísticos se han publicado. Existe más de un millón de obras sobre este misterioso libro que, al parecer, esconde aún muchos secretos sin descifrar, y del que cada día, en todos los oficios religiosos del mundo, se lee en público una de sus páginas.

La Biblia es, por ello, más que un libro. Es un monumento literario-religioso con una tradición histórica nunca superada por ninguna otra publicación a escala mundial. Es una obra que abarca todos los géneros literarios: poesía, narraciones históricas, cuentos, himnos, proverbios, profecías e incluso plegarias. Posee todos los ingredientes de la mejor literatura: intriga, erotismo, violencia, emoción, denuncia, humor, misterio, ternura y curiosidad. No falta tampoco quien asegure que, en el texto original hebreo, existe un código secreto matemático; este código encriptado puede revelarse con ayuda de un ordenador y, al parecer, los resultados son predicciones de acontecimientos futuros.

La Biblia es, sobre todo, la historia del pueblo judío. Aquel puñado de tribus nómadas no contaba con más méritos ni fuerza que la de sentirse el pueblo elegido por Dios y se convirtió, a lo largo de los siglos, en el emblema y el paradigma de todos los pueblos perseguidos. Su historia es también la trágica y gloriosa aventura de cada familia humana, incluso puede entenderse como la representación de cada historia personal: al fin, todos estamos condenados a atravesar desiertos y a soportar pruebas cuyo porqué no siempre entendemos.

La Biblia: una historia personal

Por eso, la Biblia, como dicen los expertos, es la historia de cada uno de nosotros, de cada existencia humana, de cada enfrentamiento de la libertad del hombre con la fuerza del misterio y de la muerte. La Biblia es «la gran novela de la humanidad», con sus derrotas y sus victorias, su deseo de liberación de todas las esclavitudes y la constatación, al mismo tiempo, de que la vida no es más que un puñado de arena que se escapa, con asombrosa rapidez, por las rendijas del tiempo.

Sólo así puede explicarse ese tanto de misterio y de respeto que la Biblia inspira en creyentes y agnósticos. Porque es, a la vez, un libro que cuenta con un gran aparato religioso: narra el pacto secreto entre Dios y la humanidad; al tiempo, aparece como un texto laico, porque pone al desnudo la fragilidad humana, sus dudas e inquietudes, su derecho a la libertad, sus pecados, su fe y su ateísmo. Por ello, hay quien defiende que la Biblia no debería ponerse en manos de los más jóvenes, porque en ella se narran, con tremendo realismo, todas las miserias humanas: traiciones, violencias, celos, envidias, guerras, sacrificios sangrientos, incestos, adulterios, sodomías y otras prácticas sexuales.

Pero en la Biblia también aparecen reflejados los sentimientos más nobles de hombres y mujeres: la fe en la vida, la ternura del amor, la confianza en el Dios que prueba pero no abandona, la compasión por lo más humilde y despreciado, la fustigación del poder, el amor por la naturaleza y el respeto por el misterio y lo invisible. Es también la Biblia un canto a los placeres naturales de la vida, un himno a la inmortalidad y un látigo contra injusticias y esclavitudes.

He leído miles de estudios sobre la Biblia, pero ningún especialista ha sabido aún descifrar por qué ese puñado de textos de autores desconocidos, escritos en lenguas y épocas tan distantes a la nuestra, han acabado imponiéndose y han conseguido inspirar con tanta fuerza la vida, la cultura, el arte, la ética y hasta la ciencia y la psicología en los últimos tres mil años de historia.

Algunos de los mitos de la Biblia pertenecen ya al acervo de millones de adultos y niños, y mantienen la fuerza de su simbolismo. Basta pensar en las narraciones de la creación que aparecen en el Génesis, en el mito del diluvio y el arca de Noé, en el milagro de Josué deteniendo el sol, en la escena de Abraham, dispuesto a sacrificar a su propio hijo para obedecer a Dios, o en las aventuras de Jonás en el vientre de la ballena, que acabaron inspirando el libro infantil de *Pinocho*, delicia de todos los niños del mundo.

Lo antiguo y lo moderno

Ningún otro libro como la Biblia ha tenido tanto influjo en todos los campos del saber. Ningún otro se ha citado tanto a lo largo de los siglos, dentro y fuera de las iglesias y sinagogas. La Biblia es interesante, incluso, desde el punto de vista literario; y a ello se añade la posibilidad de una lectura existencial, considerándola como libro puramente humano. Y seguimos preguntándonos cómo aquellos personajes de un pueblo sin historia —tribus nómadas que fueron el origen del pueblo judío—, tan lejano culturalmente de los pueblos desarrollados que lo rodeaban —Egipto y Mesopotamia, por ejemplo—, fueron capaces de ejecutar una obra literaria de una calidad y de una profundidad que acabó inspirando a buena parte de las civilizaciones posteriores, convirtiéndose incluso en referencia religioso-cultural indispensable y aún no superada.

¿Cuál es el secreto de la Biblia, compendio de narraciones, mitos e historias antiguas, lejanos de nuestro mundo moderno y tecnológico y, a la vez, lectura singular que parece escrita «para nosotros», como si el texto fuera capaz de superar el abismo del tiempo? ¿Hay algo, en efecto, más actual que el grito de los profetas bíblicos alertando a los hombres del peligro que corren si se desentienden del mundo de los pobres, si pierden el temor y el respeto al misterio, si siguen esclavizando a otros pueblos e inventando guerras?

Quizá la clave resida en esa mezcla de antigüedad y actualidad que posee la Biblia: tal vez esa capacidad para saber «hablar» al hombre moderno con los símbolos y mitos ancestrales la hace interesante tanto para el artista como para el intelectual o para el más sencillo de los campesinos.

Yo he visto en Río de Janeiro a mujeres de la limpieza y a simples albañiles sentados en un banco de cemento de un minúsculo parque, a la entrada de una *favela*, leyendo con atención el libro del profeta Isaías, mientras esperaban la hora de entrada al trabajo. No me atreví a preguntarles qué encontraban en aquellas páginas del profeta judío, escritas miles de años atrás; pero me bastó observar la seriedad con la que leían y el respeto con el que pasaban las páginas de letra menuda para entender que en aquella comunicación existía algo importante.

Convencido, como lo he estado toda mi vida, de que la Biblia es un libro capaz de «hablar» a todos, y que quizás aún contenga más secretos de los que imaginamos, acepté el desafío de la editorial Aguilar de escribir un reportaje, casi periodístico, sobre la génesis y evolución de los textos sagrados. Con lenguaje comprensible —ya ensayado en mi libro *Jesús, ese gran desconocido*, publicado por Ediciones Maeva en 1991—, sin pretensiones científicas, pero con rigor cultural, este libro tratará de explicar a los lectores —y a mí mismo también— la apasionante historia, desde sus orígenes hasta la actualidad, de la más grande epopeya literaria y religiosa de todos los tiempos: la Biblia.

PRIMERA PARTE

Historia, mitos y mentiras

Capítulo I

La Biblia histórica

Una nueva mirada

Durante siglos, a nadie se le ocurrió pensar que algo de lo narrado en la Biblia pudiera *no ser verdad*. Esos escritos, que cuentan la alianza del pueblo de Israel con su Dios, fueron considerados tanto por el judaísmo como por el cristianismo como revelados o inspirados por Dios. Por tanto, tenían que ser *verdad*. Y en caso de conflicto, por ejemplo, entre lo narrado en la Biblia y lo descubierto por la ciencia, era la ciencia la que, necesariamente, estaba en el error.

Sólo con la llegada de la revolución industrial y tecnológica, a principios del siglo XVIII, y con la diferenciación entre lo secular y lo religioso, hubo estudiosos de la Biblia —fuera y dentro de los confines de la Iglesia— que comenzaron a ver dichos escritos con otros ojos, prescindiendo de su carácter sagrado. Se estudió la Biblia como cualquier otra obra histórico-literaria, aplicando criterios del análisis crítico. El monumento histórico de la Biblia, lo que en ella se narraba, su lenguaje, su pensamiento, los personajes de los que está poblada, todo ello fue analizado con la lente de la modernidad.

¿Cuál fue el resultado? Que no podía tratarse de libros históricos según los criterios de la historiografía moderna, por la simple razón de que los más de cuarenta autores que escribieron la Biblia no tenían la intención de hacer un trabajo estrictamente histórico, sino, más bien, trataban de difundir un mensaje espiritual. Este mensaje se encauzó a través del viaje de un pueblo, el judío, que se concebía a sí mismo como el escogido por Dios para una misión especial: en estrecha alianza con él, Yahvéh acabaría salvándolo de la esclavitud a la que había sido sometido por otros pueblos más poderosos, hasta conducirle a una tierra en la que correrían ríos de leche y miel.

¿La historia de Abraham y el sacrificio de su hijo eran, entonces, sólo mitos? ¿La historia del diluvio y del Arca de Noé había que entenderla también en este sentido mitológico? ¿El famoso éxodo de los judíos de la esclavitud de Egipto era un símbolo o una imagen? ¿Los relatos de la creación del primer hombre y de la primera mujer o la construcción del Templo de Jerusalén, erigido por el rey Salomón, eran sólo leyendas? ¿Y el maná con el que los judíos se alimentaron en el desierto? ¿Y las Tablas de la Ley que Dios entregó a Moisés en el Sinaí? Abiertas las puertas a la crítica, liberada ya la Biblia del peso de la revelación divina que la había circundado hasta entonces, las hipótesis de los expertos fueron diversas y, en ocasiones, disparatadas.

Enseguida hubo —y aún sigue habiendo— quienes empezaron a considerar a la Biblia sólo como una colección de bellos mitos antiguos sin ningún fundamento histórico. Ni Abraham, ni Moisés, ni el rey David ni su hijo Salomón habían existido jamás. Ni Josué detuvo el sol, ni los famosos profetas Isaías o Jeremías vivieron en Israel, ni personajes legendarios como Noé o Rut o Ester podían entenderse como seres reales y, por supuesto, ni Adán y Eva o Caín y Abel fueron nunca de carne y hueso. Para estos críticos radicales la Biblia es sólo un libro de bonitos cuentos nacidos de la imaginación del folclore popular de las antiguas tribus nómadas semitas.

El drama de la Iglesia: la Biblia no es un libro histórico

Fueron momentos difíciles para la oficialidad de la Iglesia, que veía cómo se derrumbaba una de sus columnas más sólidas: el libro sagrado en el que fundaba buena parte de su mensaje y de su doctrina. Menos dramático resultó para la Iglesia más moderna, la que sabía distinguir lo que en la Biblia había de histórico y lo que era un fuerte mensaje de fe religiosa y social transmitido a lo largo de tantos siglos.

Comenzaron así a publicarse miles de estudios sobre la Biblia, sobre las lenguas en las que había sido escrita, sobre la historia de Israel durante el tiempo en que aquellos textos fueron redactados o sobre la intención de sus autores. Se empezó a distinguir —también en los Evangelios y en otros escritos del Nuevo Testamento— entre nuestro concepto de historia moderna y las necesidades de los autores bíblicos; se trazó una línea entre la poca importancia que para aquellos autores tenían los hechos en sí, las fechas, la dimensión de los acontecimientos, y la mucha importancia que concedían, sin embargo, al acto de transmitir el milagro de la primera alianza de Dios con un pueblo.

Para los autores de la Biblia era decisivo transmitir las primeras leyes que Dios, a través de sus profetas, había dictado al hombre y transmitir la historia de aquella tribu de nómadas que, por seguir la llamada de Dios, se vio envuelta, a diferencia de otros grupos cercanos, en una aventura que acabaría haciendo de él un pueblo diferente. Las consecuencias de esta elección divina aún no han acabado, como puede observarse en los recientes acontecimientos en la tierra de los viejos patriarcas bíblicos.

Luchas encarnizadas tuvieron lugar entre especialistas conservadores, defensores de la verdad absoluta de todos los hechos narrados en la Biblia y los que intentaban distinguir lo que en ella podía haber de mito y de realidad histórica. Tarea no fácil, como ocurre también con los escritos que narran la vida y el mensaje de Jesús de Nazaret. Que se trata de algo muy arduo lo demuestra el hecho de que en este último siglo se han empleado ríos de tinta para discutir lo que de verdad y de simbólico hay en las narraciones bíblicas.

En un principio, la Iglesia se cerró en banda para defender que *todo*, hasta los detalles más pequeños descritos en la Biblia, tenía que ser verdad histórica. Incluso el pasaje en el que Moisés separa las aguas del Mar Rojo para que pasen los israelitas, o cuando Josué detiene el curso del sol y la luna tenían que considerarse como hechos reales, por más que pudieran contradecir a la ciencia moderna. Y donde existían contradicciones, como en el Génesis, donde aparecen dos narraciones para explicar la creación del hombre —en una Dios crea al hombre y a la mujer; en otra, crea a Adán del barro y a Eva, de una costilla de Adán— o cuando se afirma que Moisés escribió el libro en el que se narra su propia muerte, la Iglesia prefería pensar que se trataba, más bien, de errores de transcripción en los manuscritos, ya que no podía admitirse que si eran textos revelados por Dios, pudieran contener ningún tipo de contradicción o error.

POCAS HUELLAS ARQUEOLÓGICAS

Uno de los problemas que judíos y cristianos hallan en la interpretación de la Biblia como libro histórico es que no se consigue encontrar pruebas arqueológicas que puedan probar los hechos en ella narrados. La mayor parte de lo que se cuenta como histórico en la Biblia no aparece en ninguna otra fuente no religiosa. De ahí que en el siglo XIX se levantase una especie de fiebre arqueológica a la búsqueda de pruebas testimoniales tangibles sobre los hechos narrados en la Biblia.

Se buscaron las ruinas del famoso y suntuoso Templo levantado por el rey Salomón y los restos del Arca de Noé. Se excavó en Egipto, en Mesopotamia, en Palestina y en muchos otros lugares del Oriente Próximo. Hasta entonces, desde el año 550 a.C., la Biblia había sido la única fuente de información sobre la historia de Asia Menor. Sólo en aquellos textos se hablaba de los tiempos perdidos en la bruma de la historia. En la Biblia aparecían nombres de ciudades y personajes de los que ni los griegos ni los romanos tenían noticias.

Uno de los primeros en lanzarse a la aventura de remover las vísceras de la tierra para dar con algunas pruebas concretas de lugares y hechos bíblicos fue el cónsul francés en

Mosul, Paul Émile Botta, que inició las excavaciones en Korsabad, en el Tigris, en 1843. Le siguió dos años después un joven diplomático inglés, el explorador Austen Henry Layard, y, poco tiempo después, el inglés Henry Creswicke Rawlinson creyó haber descubierto a once kilómetros de Korsabad la capital asiria de Nínive, la ciudad cuya maldad los profetas denuncian repetidas veces en la Biblia.

Algunas investigaciones condujeron a pensar que se habían descubierto incluso los lugares del diluvio universal. Para la mayoría de los expertos se trataba de resultados menores ante tantos esfuerzos realizados. Un botón de muestra: a primeros del año 2003 apareció en todos los periódicos del mundo una noticia sobre el presunto descubrimiento de un bloque de piedra calcárea con inscripciones en fenicio antiguo que detallaban planos de la reparación del primer Templo, el del rey Salomón. El fragmento, al parecer, pertenecía a la época del rey bíblico Joás, que reinó hace 2 800 años. En efecto, en el libro segundo de los Reyes, en el capítulo 12, versículos 4, 5 y 6, se relata que Joás, rey de Judá, llamó a los sacerdotes y les mandó que juntasen todo el dinero recogido en el Templo para ser usado en su reparación. El fragmento de piedra fue encontrado en las excavaciones en la colina de la ciudad vieja de Jerusalén, conocida por los musulmanes como Haram as Sharif y por los judíos como Monte del Templo.

Los medios de comunicación de todo el mundo subrayaron que si dicho bloque de piedra resultase auténtico, como afirman algunos especialistas del Instituto de Investigaciones Geológicas de Israel, «se trataría de la primera prueba física en apoyo de un texto bíblico», lo que revela la poca consistencia que la opinión de buena parte de los especialistas en la materia atribuye a las pruebas arqueológicas presentadas hasta ahora en defensa de la historicidad de la Biblia.

Uno de los libros más vendidos en el mundo y también uno de los más traducidos es *Y la Biblia tenía razón*, del alemán Werner Keller, en el que narra con entusiasmo, en más de 400 páginas, toda la aventura arqueológica sobre la Biblia. Publicado por primera vez en 1955, la obra de Keller se lee con enorme placer y es admirable el esfuerzo del autor por dar a conocer todo lo que se ha intentado a través de miles de excavaciones para encontrar alguna huella de los lugares y los personajes bíblicos.

Veinte años después de la primera edición, Keller incluyó en su libro un prefacio en el que su entusiasmo ya había disminuido y reconocía noblemente que «existen hoy historiadores, teólogos, científicos, filósofos y arqueólogos que, tras un examen concienzudo de la tradición bíblica, llegan a opinar que, en último análisis, la cuestión de si los hechos relatados por la Biblia son ciertos o errados tiene poca importancia», ya que para ellos, dice, lo importante de la Biblia es que encierra un «mensaje religioso». Y añade el arqueólogo alemán: «Por mucho que sepamos ya de la Biblia en los días de hoy, aún estamos muy lejos de saber todo de ella. Las preguntas aún no han terminado. Al contrario, cada nuevo descubrimiento suscita nuevas preguntas».

En la obra *La Biblia desenterrada* (Editorial Siglo XXI), sin duda el estudio moderno y mejor documentado sobre los orígenes del antiguo Israel y de los textos bíblicos, sus autores, Israel Finkelstein y Neil Asher, escriben, con motivo del tema del éxodo de Egipto, uno de los más polémicos desde el punto de vista histórico: «La epopeya de la salida de Israel de Egipto no es ni verdad histórica ni ficción literaria [...]. Fijar esta imagen bíblica en una fecha concreta es traicionar el significado más profundo del relato».

LA HISTORIA SE ENTRELAZA CON EL MITO

La Biblia, en realidad, es más que un libro de historia, por muy importante que sea la historia que en ella se narra. Es historia y no sólo mito, porque, de lo contrario, no tendría sentido toda la compleja y simbólica epopeya del pueblo de Israel y de su fe, que constituye una de las religiones más antiguas e importantes del mundo y que acabó dando vida al cristianismo. Si se tratara sólo de un libro de mitos o cuentos, por interesantes que fueran, la Biblia no hubiese tenido tal repercusión en estos últimos tres mil años de historia, ni se hubiesen escrito sobre ella montañas de tratados ni hubiese inspirado tanto y a tantos millones de personas.

Lo más importante, hoy, en el estudio sobre la Biblia no es la discusión sobre su carácter histórico o si se trata de una revelación divina. Lo importante es el significado de estos textos para aquel pueblo semita y este aspecto es, precisamente, el objeto de los últimos estudios bíblicos: ¿qué entendían ellos por historia y cómo supieron entrelazar en una maravillosa obra literaria lo real y lo simbólico? ¿Cómo supieron unir la historia de un pueblo que sí existió y que luchó durante años junto a su Dios en busca de su identidad, con las utopías y los arquetipos universales del ser humano?

Es evidente que en la Biblia, que fue conservada oralmente antes de ser escrita, que pasó por las manos de mil amanuenses, de miles de traductores y que recoge a veces varias fuentes de un mismo hecho, existe la pretensión de sus autores de transmitir el mensaje de la primera religión monoteísta de la historia sin estar demasiado preocupados con la exactitud de los datos y de los hechos. Es lógico, por tanto, que la Biblia presente errores y contradicciones, exageraciones y mitos mezclados con hechos reales.

Difícilmente sabremos si Abraham existió o no, pero, sin duda, si el personaje fue creado para simbolizar la entrega fiel de un pueblo a su Dios, se trata de una de las creaciones simbólico-literarias más poderosas de la literatura mundial. Con seguridad, no existieron Caín y Abel, pero es igualmente cierto que ninguna otra imagen podría anticipar y simbolizar todo el misterio de la violencia anidada en el corazón del ser humano; es muy difícil dar con un relato semejante a ese primer asesinato, perpetrado contra un hermano por el pecado de la envidia, que está en la raíz del mal de la humanidad. Sin duda, el primer hombre, Adán, no fue creado por Dios de un amasijo de barro, pero pocas escenas podrían inventarse más plásticas y simbólicas para transmitirnos la dependencia del ser humano de la tierra, de lo concreto, de la historia y no del mito.

Si algo de original y de importante existe en la historia del pueblo judío y de su religión —que fue la de Jesús de Nazaret— es que se trató de algo fuertemente enraizado con la vida, con la responsabilidad del hombre con la tierra, con el destino de los perseguidos, con la libertad y con la esperanza en el futuro. Todo eso, con relatos históricos o no, está en el corazón de la Biblia como el mensaje ético, religioso y social más fuerte de la historia. El resto está en manos de los expertos en historia y arqueología.

CAPÍTULO II

Las cinco biblias ✱ *Importante*

Millones de personas tienen en su casa un ejemplar de la Biblia. La mayoría conocen poco su historia, cómo se escribió, quiénes fueron sus más de cuarenta autores o la lengua en que esos libros fueron redactados después de una larga tradición oral. Y, sobre todo, ignoran que no existe una sola Biblia, sino varias: la judía, la hebrea, la católica, la protestante y la ortodoxa. De ahí la Torre de Babel que se organiza cuando se pregunta cuántos libros contiene la Biblia, porque depende de cuál de ellas se esté hablando. La judía, la más antigua, la que los católicos llaman Antiguo Testamento, tiene sólo 24 libros, mientras que la católica tiene 73 e incluye, además de los libros llamados del Nuevo Testamento, siete libros que los judíos consideran apócrifos.

Es curioso que la palabra «biblia» no aparece en la Biblia. Es una palabra creada por los primeros cristianos de cultura y lengua griegas. Significa en griego "libros", en plural, aunque el uso ha convertido a la palabra en singular. Ese nombre es el que los griegos daban a un rollo de papiro que fue la materia prima con la que se elaboraron los pliegos para escribir algunos de los libros de la Biblia, llamados también rollos, porque cada libro se escribía en un solo rollo de papiro.

Los primeros libros de la Biblia debieron de escribirse en papiros o en pergaminos, los soportes de escritura existentes en Israel en aquella época. Pero aún antes de redactarse en papiros o pergaminos, buena parte de los textos de la Biblia existía sólo en la tradición oral y es posible que las primeras aproximaciones de algunas de aquellas tradiciones orales fueran escritas en tablas de arcilla sobre las que se escribía con punzón. Las primeras escrituras llamadas cuneiformes —en forma de cuña, por ejemplo la lengua ugurítica— se registraron sobre pedazos de arcilla.

Fue san Juan Crisóstomo, patriarca de Constantinopla, en el siglo IV d.C., el primero que usó la palabra «biblia» para designar los libros sagrados, considerados por él como «El Libro» por excelencia. Entre los cristianos, la Biblia se llama también «Escrituras», o «Sagradas Escrituras», o «Palabra de Dios», entre otras denominaciones, aunque la forma «Biblia» es la más usada.

EL LIBRO SIN NOMBRE

Pero ¿cómo llamaban entonces los judíos a la Biblia, es decir, al conjunto de libros considerados revelados por Dios? (Deben excluirse en la interpretación judía los libros llamados Nuevo Testamento —los Evangelios, las Epístolas, los Hechos de los Apóstoles y el Apocalipsis— que los cristianos añadieron a los antiguos textos judíos y que los hebreos no consideran en su religión). Aunque parezca raro, no existía un nombre entre los judíos para designar ese conjunto de libros que nosotros llamamos Biblia y que fueron escritos a lo largo de más de mil años. Esa colección de escritos se fue uniendo en un mismo cuerpo de escritura a lo largo de los siglos.

En primer lugar existió la Torá o Torah, o Libro de la Ley de Moisés, llamado también Pentateuco, que significa "cinco libros", y que son los escritos con los que empiezan todas las Biblias: Génesis, Éxodo, Levítico, Números y Deuteronomio. Ésa fue la primera Biblia, cuya escritura se atribuye —al parecer erróneamente— a Moisés.

Para los judíos, esos cinco primeros libros de la Biblia, o Pentateuco (Torah), son los más importantes y creen que fueron dados directamente por Dios a Moisés. Son el fundamento de la fe judía, la «enseñanza» o «la Ley» dada por

Dios a su pueblo escogido. A esa primera Biblia se le añadió, dos siglos más tarde, otro bloque de escritos llamados Profetas *(Nebiîm)*, constituido por cuatro libros de profecías considerados como libros históricos. Y, por fin, el tercer bloque de la Biblia judía, cien años más tarde, lo constituyen los Escritos *(Ketubîm)*, una miscelánea que contiene poesía, cuentos, dramas, crónicas históricas y hasta apocalipsis. En ese bloque están, entre otros, los llamados Salmos, Proverbios, Cantar de los Cantares, Lamentaciones, Eclesiastés, etcétera.

La Biblia judía fue escrita en hebreo y, algunas partes, en arameo, lengua hermana del hebreo que los judíos adquirieron de los persas entre los siglos VI y IV a.C. y que se hablaba aún en tiempos de Jesús. Existían también algunos dialectos del arameo, por ejemplo en Nazaret, la aldea donde probablemente nació Jesús. De ello quedó constancia en los Evangelios, en la escena en que Pedro fue apuntado como uno de los discípulos del Maestro que acababa de ser apresado. El apóstol Pedro niega conocer al Maestro y los judíos le dicen que es inútil que lo esconda pues habla su mismo dialecto: «Realmente, tú también eres de ellos; pues tu manera de hablar te delata» (Mt. 26, 73). Hablaba, en efecto, en el dialecto de Nazaret, el mismo que hablaban Jesús, sus padres y sus hermanos.

Tras una infructuosa búsqueda en todos los rincones del mundo y a lo largo de diez siglos, por fin apareció, en los años cincuenta, el único texto bíblico traducido al arameo dialectal de Nazaret. Lo descubrió el autor de estas páginas en la Biblioteca Vaticana. Se trataba de los cinco primeros capítulos de la Biblia, el Pentateuco. El códice estaba catalogado erróneamente en los archivos de la Biblioteca Vaticana. Fue objeto de estudio por parte de Alejandro Díaz Macho, catedrático de samaritano de la Universidad de Barcelona, ya fallecido.

✳ SIN CAPÍTULOS NI VERSÍCULOS ✳   (✳ IMPORTANTE)

La clasificación temática de los libros de la Biblia, tal y como aparece hoy en las ediciones modernas, no existía antiguamente.

Tampoco existía la división actual en capítulos. Ese sistema de división fue introducido por Stephen Langton, que en el siglo XIII acabó siendo obispo de Cantuaria. Fue en París, en 1231, cuando apareció la primera Biblia dividida en capítulos. La Biblia, originariamente, tampoco contaba con los versículos. Dicha innovación —tan práctica en las citas— se debe al impresor francés Robert Estiénne, que, en 1551, viviendo en Ginebra, como protestante exiliado, publicó un Nuevo Testamento en francés con versículos numerados. En 1553 publicó toda la Biblia con versículos. En la Biblia original hebrea, el texto aparece corrido, todo seguido, sin ninguna separación. Más aún: en el alfabeto hebreo antiguo, en el que fue escrita la Biblia, no existían vocales, sólo consonantes. De ahí la dificultad para traducirla primero al griego y, después, al latín. Como curiosidad: la Biblia judía o Antiguo Testamento tiene 929 capítulos y 23 214 versículos. La Biblia católica tiene 1 189 capítulos y 7 959 versículos. El capítulo más extenso es el salmo 119 y el más breve, el salmo 117, aunque eso depende también de las traducciones a las diferentes lenguas. En la Biblia se menciona 800 veces a Dios y sólo 177 al demonio. Los números más usados en toda la Biblia son el 3 y el 7 y una de las frases más repetidas es una evocación de esperanza: «No temas».

La Biblia fue el primer libro publicado cuando, en el siglo XV, apareció la imprenta por obra de Gutenberg. Hasta entonces, la Biblia era prácticamente desconocida para la mayoría de los mortales. Sus manuscritos eran un objeto de culto, misterioso, al que pocos podían acceder. La gente sólo sabía lo que les contaban los que sabían leer y los hombres de Iglesia. Y el público común ni siquiera podía entender las páginas que se leían en los oficios religiosos y en las misas, ya que se recitaban en latín.

Curiosamente, la Biblia como tal, la judía, la que Jesús leía y comentaba en las sinagogas, la que estudiaban los judíos que sabían leer, fue durante mucho tiempo —y lo sigue siendo—, el libro religioso por excelencia de las comunidades cristianas. No se debe olvidar que los primeros cristianos, comenzando por Jesús y los apóstoles, eran, todos ellos, judíos.

Las primeras reuniones de cristianos, tras la muerte de Jesús, se celebraban en las sinagogas, pues aún no existían iglesias. Y los libros que leían eran los que pertenecen a la Biblia. Quien en la actualidad lea la Biblia judía —la que se usa todos los días en todas las misas del mundo— tiene que saber que es la misma que leía Jesús, la que usaba para discutir con los fariseos y con los doctores de la Ley. La añadidura del llamado Nuevo Testamento a la Biblia judía fue muy posterior.

✳ Los primeros cristianos no eran más que una secta del judaísmo e incluso seguían la práctica de la circuncisión; pero a partir del siglo II d.C., cuando el cristianismo comenzó a distanciarse del judaísmo y se hizo griego y romano con Pablo de Tarso, comenzó la operación antijudía. Los judíos eran, según aquellas primeras comunidades, quienes habían matado a Jesús (y no los romanos) y el cristianismo comenzó a alejarse del judaísmo. ✳

✳En ese momento, no les pareció justo que la Biblia fuera sólo la judía, a pesar de haber sido la Biblia usada y citada por Jesús continuamente. Y comenzaron a añadir a la Biblia judía original los llamados escritos del Nuevo Testamento, es decir, las Epístolas —sobre todo las de san Pablo—, los cuatro Evangelios considerados inspirados por Dios —Mateo, Marcos, Lucas y Juan—, los Hechos de los Apóstoles y el Apocalipsis, atribuido a san Juan. Esos libros se añadieron al corpus bíblico judío y los cristianos los llamaron Nuevo Testamento, un título polémico, ya que los judíos, que no aceptan a Jesús como Mesías ni consideran que su Biblia sea el Antiguo Testamento, tampoco pueden admitir que exista un Nuevo Testamento en contraposición al Antiguo. ✳

Al mismo tiempo, los cristianos no podían renunciar a la Biblia judía, aunque la considerasen sólo como la premisa o el anuncio de la llegada del Mesías; no sólo porque la había utilizado el propio Jesús, sino porque desde antiguo se admitía la inspiración divina de aquellos textos: los Apóstoles y el propio Jesús de Nazaret lo daban por seguro. De ahí que la Biblia siguiera siendo utilizada como un libro religioso e inspirado y, desde el primer momento, algunas de sus páginas se leyeron durante la celebración de los ritos cristianos.

LA CRISTIANIZACIÓN DE LA BIBLIA JUDÍA

Al añadirle el Nuevo Testamento, se puede decir que la Biblia judía fue «cristianizada». Por eso, en las misas, se lee cada día un pasaje de la Biblia o Antiguo Testamento y una del Nuevo Testamento. Pero hay algo más en los textos católicos. Los católicos aceptaron en su Biblia una serie de libros que aparecen en la parte llamada Antiguo Testamento y que los judíos nunca aceptaron en su Biblia, ya que los consideraban apócrifos, es decir, que no fueron aceptados en el «canon» o lista oficial de los libros que los judíos entendían como revelados por Dios) (Esos libros no aparecen, sin embargo, en la Biblia protestante) Por otro lado, la Iglesia católica no acepta los Evangelios apócrifos por la misma razón: entiende que no fueron fruto de la revelación divina. ¿Por qué la Iglesia que no acepta los llamados Evangelios apócrifos sí acepta, en cambio, los textos apócrifos del Antiguo Testamento que rechazan los judíos? Según los expertos, por un motivo coyuntural: porque, en la lucha contra los protestantes, esos libros de la Biblia resultaron muy útiles a las tesis católicas, ya que reflejaban los temas más controvertidos entre católicos y protestantes, como la existencia del infierno o las oraciones por los difuntos, circunstancias que probarían la existencia del purgatorio, la existencia de ángeles y demonios, etcétera.)

El orden de los libros de la Biblia se modificó cuando se tradujeron los originales hebreos y arameos al griego. Es la famosa traducción Septuaginta, realizada entre el siglo IV y el siglo II a.C. por setenta estudiosos judíos de Alejandría. En aquel momento, muchos judíos, hijos de la nueva civilización helénica —especialmente los que vivían fuera de Palestina—, ya no hablaban hebreo y sólo podían leer la Biblia en griego, la nueva lengua del Mediterráneo. Es curioso, por ejemplo, que Marcos, Mateos, Lucas y Juan, cuando escriben sus respectivos evangelios, citan los textos bíblicos en su traducción griega e ignoran el texto original hebreo.

El griego, en fin, se convirtió en la segunda lengua de Palestina. Y, seguramente, también Jesús la hablaba, como se infiere de una conversación, por cierto bien irónica, con una delegación de griegos que se narra en los evangelios. Los griegos eran muy sensibles a la belleza externa, al culto del cuerpo. Jesús lo era menos. Estaba más preocupado por el mundo interior. Y, ante la delegación griega, pronunció una curiosa parábola: la del grano de trigo, que si no se coloca bajo la tierra y no se pudre, no consigue brotar. Es una crítica irónica a las apariencias. Las cosas, para dar fruto, antes tienen que pudrirse y morir.

✳ Quienes utilicen la traducción de la Septuaginta del hebreo al griego tienen que saber que no se trata siempre de una traducción literal, ya que, en muchos casos, no se trata de una traducción fiel sino de una verdadera interpretación. Del mismo modo, también hay que tener en cuenta que los textos originales hebreos con los que trabajaron los traductores diferían en algunos casos de las transcripciones que de dichos textos han llegado hasta nosotros. ✳

Desafortunadamente, no poseemos ni uno solo de los textos originales de la Biblia escritos en hebreo o en arameo. Los más antiguos —pero tampoco originales— son algunos de los encontrados en las recientes excavaciones del Mar Muerto, en Qumram. Estos textos —el libro de Isaías, por ejemplo— fueron utilizados por la secta judía de los esenios y, por cierto, ofrecen muy pocas variantes respecto a las versiones que conocíamos hasta ahora.

En esta Torre de Babel que representa la Biblia o las biblias llegadas a nosotros tras mil peripecias y traducciones, en este maremágnum que conocemos sólo a través de transcripciones, escritas por manos diferentes a lo largo de más de mil años, es preciso, sin embargo, hacerse una pregunta: ¿cómo se explica tan sorprendente unidad de ideas y de pensamiento? Y aun otra: ¿por qué, a pesar de tanta diversidad y dificultad, los textos aparecen como si se tratara de una sola obra única, genial e inigualable? Para quienes examinamos la Biblia con ojos laicos, y no como revelación divina, la respuesta es aún más difícil. Pero la realidad es ésa: a pesar de su enorme diversidad, los libros de la Biblia forman un todo único reconocido por cualquier crítico o especialista en la materia.

CAPÍTULO III

Los autores de los textos bíblicos

Para no pocos, la pregunta sobre quiénes fueron los autores de la Biblia podría parecer superflua. ¿Es que no se conocen? ¿No fueron Moisés, David, Salomón, Isaías, Jeremías, etcétera? La verdad es que, en general, ignoramos quiénes pudieron ser los autores de dichos libros sagrados. La atribución de muchos de ellos a personajes importantes sólo se debió a una estrategia literaria: conceder mayor autoridad a dichos escritos, simplemente. Lo más probable es que sus autores fueran personas anónimas que no hicieron otra cosa que plasmar por escrito la gran tradición oral de la historia de Israel. Y es eso lo que sorprende, especialmente si se tiene en cuenta la calidad literaria de la Biblia en su conjunto.

En realidad, la Biblia es una antología de textos dispares. De ahí su riqueza literaria, porque en ella están reunidos todos los géneros, desde el policial a la poesía. Desde luego, destacan los textos históricos, fundamentalmente referidos al pueblo de Israel a lo largo de sus miles de años de existencia, pero también contiene escritos proféticos —hoy de gran actualidad— y narraciones emblemáticas y simbólicas para describir las relaciones del Dios del Sinaí y del Dios de Abraham con su pueblo. Figura también en la Biblia toda la extensa legislación que Dios entregó a los judíos y que aún sigue rigiendo la vida de muchos de ellos.

Es muy probable que, antes de su composición escrita definitiva, de todos los textos bíblicos existieran varias tradiciones orales y que esos autores anónimos fueran quienes, con todo ese material en la mano, ejecutaran la redacción final. Es un método ciertamente inusual en la moderna literatura. Sin embargo, la historia literaria demuestra que ésa es la forma más frecuente de composición en culturas con una fuerte implantación de la transmisión oral: recopilación de materiales, refundiciones, revisiones populares, etcétera, hasta que un transcriptor decide fijarlo en un texto escrito. Tal es el caso de los romances castellanos, por ejemplo, o de las cantilenas balcánicas, presentes y muy vivas hasta hace pocos decenios.

Los autores de los libros bíblicos se preocupaban poco de la originalidad de los escritos y, siguiendo los usos de la época, aplicaban los géneros literarios ya existentes, tradicionales, para expresar lo que pretendían. No eran autores personales en el sentido moderno del término. Eran más redactores o transcriptores que creadores. Eran recopiladores de material ya existente. Eso no significa que ellos no dejaran traslucir nada personal, pero incluso lo que de personal hubiera en el texto quedaba absorbido por la importancia de la tesis que querían probar y transmitir. Suele ponerse el ejemplo del famoso verso del salmo 22, citado por Jesús en la cruz: «Dios mío, Dios mío, ¿por qué me has abandonado?» (Sal. 22 [21], 2). Los analistas piensan que pudo tratarse de una crisis personal y existencial del autor de ese salmo, que se desconoce, pero que acabó siendo sólo una lamentación general atribuible a cualquier ser humano que se siente abandonado por su Dios.

TODOS LOS GÉNEROS LITERARIOS

Los autores de la Biblia usaron los géneros literarios que se empleaban en aquel tiempo. Algunos de dichos escritos se utilizaban ya en las ceremonias del Templo, como plegarias o invitaciones a Dios para que escuchara a su pueblo. Por eso, probablemente, los autores de los Salmos o de los Proverbios o el del Cantar de los Cantares o de los libros proféticos, más que autores literarios, debían de sentirse como medios usados por Dios para narrar las gestas de su pueblo. De ahí que se haya llegado a decir que todas las narraciones que aparecen en la Biblia son de alguna manera «tendenciosas», como afirman John Gabel y Charles Wheeler; es decir, que fueron escritas no por mero gusto literario, sino para probar una tesis teológica, para explicar el rostro del Dios revelado al pueblo escogido.

Por eso, para narrar esa historia del pueblo elegido —pero no siempre fiel al pacto sellado con Dios, quebrándolo tantas veces con infidelidades, traiciones, nostalgias de los viejos dioses paganos e incredulidades—, los autores de la Biblia narran no pocas veces escenas escabrosas, historias poco edificantes, incluso de sus personajes más importantes, como es el caso de los crímenes perpetrados por el rey David para saciar su sed de belleza femenina. Y es ese aspecto lo que mejor revela que, aun con esa mezcla de realidad y de ficción, de exageraciones o eufemismos destinados a probar ciertas tesis que se desean poner de relieve, las narraciones de la Biblia nacen de una historia real y no mítica, de personajes que quizá no fueron en la realidad como se describen —sin duda Noé, por ejemplo, no vivió 600 años— pero que responden a una historia real de un pueblo de carne y hueso.

De haber sabido que los autores de la Biblia eran tan amigos del uso de la hipérbole no se hubiese la Iglesia roto tanto la cabeza para intentar explicar las exageraciones de la Biblia buscando hipótesis ridículas o posibles errores de los amanuenses. Cuando nos hablan de la edad increíble de los patriarcas antidiluvianos, por ejemplo, no se trata de ningún error de transcripción ni de un uso diferente del calendario. Era sólo una figura literaria: la hipérbole, usada deliberadamente para impresionar al auditorio, como cuando el autor del libro de los Números escribe que Salomón sacrificó 22 000 becerros y 120 000 carneros en la consagración del Templo que levantó en Jerusalén. Era una hipérbole para enfatizar la importancia del rey y del Templo por él levantado.

Los diferentes autores de la Biblia utilizan magistralmente hipérboles, metáforas, simbolismos, alegorías y juegos de palabras, a pesar de haber vivido en diferentes épocas a lo largo de mil años y a pesar de no haber tenido ningún contacto entre ellos. El autor del primer salmo que conocemos, al intentar explicar cómo se distingue al hombre recto del inicuo, usa una preciosa metáfora: «El hombre recto es como un árbol que crece a la orilla del agua, mientras que el inicuo es como paja soplada por el viento».

Todos los autores bíblicos utilizan la metáfora fundamentalmente para describir a Dios, que es la gran obsesión bíblica. Lo describen como «roca», «torre inexpugnable», «luz». Un Dios que nos protege «bajo la sombra de sus alas».

Diferentes son las metáforas para describir la debilidad y fragilidad del hombre a quien presentan como «soplo», «paja», «humo», etcétera. A veces las metáforas bíblicas son audaces y difíciles de entender, como las que aparecen en el Cantar de los Cantares, ese precioso libro que tantos rompecabezas creó a judíos y cristianos antes de aceptarlo como libro revelado, porque no cita el nombre de Dios una sola vez y porque se trata de los amores no de dos casados sino de dos adolescentes. En ese libro, el muchacho describe la belleza de su amada con estas metáforas: «Tu nariz es como la torre del Líbano que mira hacia Damasco»; y también: «Tu pelo es como un rebaño de cabras ondulando por las faldas del monte Galaad».

La Biblia en verso

En los autores de la Biblia no falta, entre las figuras literarias, ni siquiera la ironía. Un ejemplo evidente es el del conocido libro de Job. Se trata, ya desde el prólogo, de una ironía dramática; es una ironía incluso lingüística, una ironía que a veces llega al sarcasmo. No en vano, se trata de unos de los libros más difíciles de interpretar, donde Dios lleva hasta a los límites del absurdo su capacidad de probar la paciencia de un hombre justo del que acaban burlándose hasta sus mejores amigos, como si le dijesen: ¿pero qué Dios es ese que no se cansa de probarte? ¿Y tú? ¿Quién eres, que no acabas de rebelarte?

Una de las sorpresas para muchos lectores de la Biblia es que, quizás, el género más abundante es el de la poesía. Incluso libros que aparecen como escritos en prosa son en realidad escritos poéticos. No sólo los autores de los Salmos o de los Proverbios, sino también los mismos profetas escribían en verso. Siempre se supo que en la Biblia existían también libros poéticos, pero hasta hace muy poco, prácticamente hasta el siglo XVIII, gracias al obispo Robert Lowth, no se conoció cuánta poesía existía encerrada en los textos bíblicos. Lowth descubrió que existe un secreto en la poesía judía y es que, antes de ser una forma literaria exterior, es «una estructura de pensamiento». El descubrimiento de que algunos libros de la Biblia que aparecen escritos en prosa tienen la estructura original en verso ha permitido que algunas traducciones modernas presenten esos libros en forma de poesía, aunque eso pueda, de alguna manera, falsear la transcripción original tal y como aparece en los códices antiguos.

SUPERACIÓN DE LA FINALIDAD LITERARIA

Que la Biblia, aun siendo un documento fundado en la historia real de un antiguo pueblo semita, no puede considerarse sólo como un tratado de historia de aquel pueblo, lo demuestra el hecho de que, para describir la historia de dos mil años de existencia de aquel pueblo, los autores hubiesen necesitado cientos y miles de volúmenes. De ahí que la Biblia sea, sobre todo, un corpus literario que, aun refiriéndose a la historia concreta de un pueblo, pueda leerse en la actualidad, ya que posee todos los ingredientes de las mejores narraciones literarias. Aunque es algo más. Cuando se dice que la Biblia es «tendenciosa», los especialistas se refieren también al hecho de que la intención de sus autores no fue sólo crear una gran obra literaria, como la *Ilíada* homérica, por ejemplo. La intención de cada uno de los diferentes autores, separados por siglos en el tiempo y sin conocer cada uno los propósitos del otro, ha acabado coincidiendo en una increíble unidad literaria.

Todos los escritos de la Biblia esconden una finalidad que supera la literaria. Estas narraciones pretenden mostrar, de alguna forma, la historia de Dios y la historia de unas gentes que tuvieron con Dios una relación especial.

Los escritos de la Biblia parecen tener la intención de responder a las preguntas más antiguas del ser humano: ¿qué hacemos en esta tierra? ¿De dónde llegamos y dónde acabaremos? ¿Cómo es el rostro y el corazón de Dios, si es que existe uno solo? ¿Cómo se ha revelado a la humanidad? ¿Qué exige de los hombres? ¿Son éstos capaces de vivir sin Él, sin sus leyes, sin las promesas que Él hizo a quienes les fueran fieles? También cabe preguntarse si el Dios de los judíos era el Dios terrible del Sinaí, revelado entre truenos y relámpagos, o más bien el descrito por el profeta Isaías con características más maternas que paternas: «¿Puede una madre abandonar a su hijo?», se pregunta el Dios de Isaías, para enseguida responder: «Pues aunque ella lo abandonara, yo nunca lo haré». Es el Dios-madre, defendido en la actualidad por los teólogos de la Liberación, como el franciscano brasileño Leonardo Boff.

La Biblia no se puede considerar sólo como creación literaria —aunque también lo es—, porque quienes la leen advierten que no se trata de un libro semejante al *Quijote*, ni siquiera semejante a las obras de los grandes escritores rusos ni de los antiguos escritores griegos o romanos. Hay en la Biblia un no sé qué de antiguo, de arcano y, al mismo tiempo, de universal, de cercano a las vibraciones existenciales del hombre, que hace su lectura a la vez interesante e intrigante. Alguien ha dicho que es como si el lector advirtiera que detrás de esos escritos hay algo oculto, secreto, escondido deliberadamente, que nosotros deberíamos y podríamos descubrir. Es como si hubiesen sido escritos sin tiempo, a pesar de la paradoja de ser la historia concretísima de un pueblo con nombre y apellido.

Todos estos argumentos se esgrimen sin conocer apenas nada de la mayoría de sus autores. Y de los pocos que

—quizá— sean los verdaderos autores, como los de algunos libros proféticos, tampoco sabemos casi nada de su vida. Por eso, la Biblia arrastra la anomalía de ser un libro sin firma, a pesar de ser el libro más famoso del mundo. Por temor a que la gente considerara imposible que Dios revelara libros que carecían de autor, los judíos antiguos adjudicaron cada una de las obras a un autor ilustre, desde el rey David a su hijo el rey Salomón, e incluso a Moisés, aunque fuera a costa de ser él mismo quien narre, curiosamente, la historia de su propia muerte.

Capítulo IV

Las lenguas de la Biblia y los textos originales

La Biblia judía fue escrita casi en su totalidad en hebreo, que era la lengua de los pueblos de Israel y Judá. El primitivo alfabeto hebreo se deriva del fenicio. Al parecer, Abraham encontró esta lengua en Canaán, en vez de traerla de Caldea, como algunos sostienen. Al igual que la mayor parte de las lenguas semíticas, el hebreo se lee de derecha a izquierda y el alfabeto está compuesto por veintidós consonantes. No existen vocales. Hoy sabemos que los caracteres hebreos primitivos estaban ya en uso en Palestina 1800 años antes de Cristo.

Sólo algunos pasajes de los libros de Daniel, Esdras y Jeremías están escritos en arameo, otra lengua semítica, hermana del hebreo, que se hablaba todavía en tiempos de Jesús y que era la lengua administrativa del Imperio Persa en los siglos IV y V a.C. La influencia del arameo sobre el hebreo fue muy importante. De hecho, cuando Israel comenzó a volver del exilio en 536 a.C., los judíos hablaban ya arameo como lengua común. Por eso, a partir de entonces, cuando se leían los libros de la Biblia en público, tenía que contarse con alguien que tradujera aquellas palabras al arameo. Poco a poco, el hebreo fue absorbido por el arameo, aunque continuó siendo la lengua oficial de culto en el Templo y en la sinagoga y entre los rabinos e intelectuales.

Hoy el arameo se habla aún en una pequeña localidad siria de 4000 habitantes, llamada Malloula. En el Nuevo Testamento, cuando a veces se habla de la lengua hebrea, en realidad se refiere al arameo, dos lenguas que ya se confundían.

En la Biblia han quedado también restos de palabras persas, como «sátrapa» (Dan. 3, 2).

Quienes leen la Biblia en la actualidad lo hacen a través de traducciones, porque la lengua original en que fue escrita ya no se habla, al menos, no como se hablaba entonces. Sólo los especialistas en hebreo consiguen leer los textos originales, escritos en hebreo antiguo. Por eso existen las llamadas traducciones «del original», por cierto, muy diferentes entre ellas. Leer la Biblia en su lengua original es un privilegio, y posee, sin duda, un sabor del todo particular.

✳ La traducción de la Biblia judía al griego tuvo lugar entre los siglos III y II a.C. Es la versión llamada «de los Setenta» o «Septuaginta». El nombre procede de una tradición que afirma que un grupo de setenta sabios fueron los encargados de esa labor. Se llevó a cabo para salir al encuentro de los judíos que vivían fuera de Palestina y que ya habían olvidado su lengua originaria, el hebreo. Su lengua, ahora, era el griego y sólo con una nueva Biblia podrían leer los textos sagrados. Según una leyenda, el trabajo de traducción duró sólo 72 días.

✳ Esta famosa versión en griego, que la Iglesia católica suele utilizar frecuentemente, tiene sin embargo un problema: no se trata de una traducción literal de los textos originales, sino que, en muchos casos, los traductores añaden interpretaciones y adaptaciones. Sin duda, no es una traducción del todo fiel a los originales, aunque ha quedado como un verdadero documento cultural.

✳ Otra de las traducciones importantes es la que se hizo al latín, conocida con el nombre de *Vulgata*. Fue traducida por san Jerónimo entre los años 387 y 405 d.C. San Jerónimo tenía 40 años y no consiguió acabar su obra, que fue completada por otros autores más tarde. Fue el primer libro impreso con la máquina inventada por Gutenberg. Salió a la luz en 1452, en Maguncia, Alemania. El nombre de *Vulgata* se debe a que era para el «vulgo», es decir, para el pueblo. Dicha traducción al latín fue la versión de la Iglesia europea durante mil años y el Concilio de Trento la declaró como la versión oficial de la Iglesia romana el 8 de abril de 1546.

✳A partir de entonces comenzaron las trifulcas entre la Iglesia latina y la Iglesia oriental. La primera utilizaba la traducción latina y la segunda, la traducción griega. Ambas iglesias se acusaban de haber traicionado el texto original. Otro tanto hacían los judíos, que afirmaban que la traducción al latín no era fiel y estaba concebida para favorecer las tesis de la Iglesia católica. Tanto la Iglesia latina como la ortodoxa alegaban que sus traducciones habían sido «inspiradas» por Dios.)

INGLESES PERSEGUIDOS Y ESTRANGULADOS

Sólo a partir del siglo XII la Biblia comenzó a traducirse a las lenguas europeas. Inglaterra fue el primer país que tuvo una traducción de la Biblia en su propia lengua. Hubo trece traducciones importantes al inglés en el Reino Unido y Estados Unidos entre 1380 y 1978. La primera, en 1380, fue realizada por John Wycliffe, un gran erudito de las Escrituras. Pero el traductor más importante en Inglaterra fue William Tyndale en 1526, que conocía a fondo el griego y las lenguas semíticas. Su tarea no fue fácil. Era la primera Biblia impresa en inglés y fue objeto de tales persecuciones que tuvo que trasladarse de Inglaterra a la Europa continental para acabar su trabajo. Los ejemplares ya impresos tenían que entrar en Inglaterra de contrabando. Cuando los descubrían, se entregaban a la hoguera. Tyndale no consiguió concluir su obra y acabó estrangulado y después quemado el 6 de octubre de 1536, a manos de los católicos romanos.

En Inglaterra, las traducciones al inglés de la Biblia —sólo de ese modo las gentes comunes podían acceder a la lectura de los textos sagrados— alcanzaron su punto álgido cuando se produjo el cisma protestante: la idea clave de Martín Lutero era que el cristiano no necesita de la mediación de la Iglesia para interpretar la Biblia. Por eso, las Biblias protestantes no contienen anotaciones a pie de página, como la mayoría de las Biblias católicas. Los protestantes consideran que cada lector de la Biblia tiene la libertad de interpretarla según lo que ella le inspire.

✳El problema de las diferentes traducciones de la Biblia no radica sólo en el estilo puramente literario. Hay, sin duda, algunas traducciones mejores que otras, y las hay con lenguaje brillante o más tradicional. Pero el mayor problema se encuentra en el fondo: el sentido del texto puede cambiar radicalmente dependiendo de la traducción que se utilice. Y estos problemas se mantienen incluso cuando las traducciones se realizan a partir de los textos originales, ya que el hebreo fue evolucionando con el tiempo.)

Como aparece muy claro en la obra *La Biblia judía y la Biblia cristiana*, de Julio Trebolle, los textos bíblicos reflejan más de mil años de desarrollo lingüístico y acabaron asimilando diferentes dialectos. Por ejemplo, las diferencias dialectales entre el hebreo que se hablaba en Judá, en el sur, y el que se usaba en Israel, en el norte, se remontan a dialectos cananeos del segundo milenio a.C. Y eso pudo dar lugar a numerosos malentendidos. Julio Trebolle ofrece un ejemplo muy gráfico.

En el libro del Génesis (4, 13), Caín, después de haber asesinado a su hermano Abel, se queja ante Dios diciendo: «Mi castigo es insoportable». Ahora bien, la palabra castigo *(awon)* significó más tarde también «pecado». Ello dio pie para que los exegetas judíos convirtiesen la figura de Caín asesino en la de Caín pecador arrepentido, traduciendo así dicha frase: «Mi pecado es demasiado grande para olvidarlo». La actual Biblia de Jerusalén, una de las más fiables, traducida de los originales, en su última versión de 1999 traduce así: «Mi culpa es demasiado grande para soportarla». ¿Cuál es más fiel al original hebreo?

Otro ejemplo. En el libro de Job (13, 15), una Biblia traduce: «Aunque Él me mate, confiaré en Él», refiriéndose, naturalmente, a Dios. Otra, en sentido contrario, dice: «Él me va a matar; no me queda esperanza». La Biblia de Jerusalén traduce: «Aunque quiera matarme, lo esperaré». ¿Cuál es la verdadera? La dificultad, sin contar las posibles especulaciones teológicas de unos u otros a la hora de traducir, consiste, en primer lugar, en que no conocemos los textos originales. Tenemos sólo copias —y tardías— de amanuenses que los fueron trasladando a trozos de papiro o tiras de piel. Por otro lado, la lengua original de la Biblia es el hebreo antiguo, que dejó de hablarse hace siglos. Cuando se hicieron las primeras traducciones, muchos de los significados originales, como ya hemos visto, pudieron haberse perdido. Hubo también contaminación de otras lenguas, como el egipcio, sin contar que el hebreo es una lengua muy cercana al fenicio.

Ugarit

En 1929 se encontraron ciertos manuscritos que habían quedado enterrados en Ugarit, la antigua ciudad cananea, ubicada en Ras Shamra, en la costa norte de Siria. Los descubrimientos comenzaron en 1928 cuando un labrador alauita, arando su propiedad a cerca de 12 kilómetros al norte de Latakia, antigua *Laodicea ad mare*, removió una piedra en la que había tropezado su arado y encontró los restos de una tumba antigua. Los servicios de antigüedades de Siria y del Líbano, en esa época bajo mando francés, encargaron la investigación al especialista M. L. Albanese, quien enseguida notificó la existencia de una necrópolis e identificó la tumba como de tipo micénico de los siglos XIII o XII a.C. Como una necrópolis implica siempre la existencia de una ciudad, comenzaron las excavaciones y el descubrimiento de las primeras tablas de arcilla en escritura cuneiforme (ugarítico). Fue el inicio de unos descubrimientos muy importantes realizados desde 1929 hasta 1980, periodo en el que se llevaron a cabo un total de 40 campañas arqueológicas, suspendidas sólo durante la Segunda Guerra Mundial.

Dos jesuitas, el francés Follet y el americano Dahood, comenzaron a estudiar el ugarítico en el Instituto Bíblico de Roma, el mayor centro del mundo de estudios bíblicos junto con el Instituto Bíblico de Jerusalén. El ugarítico, en efecto, podía considerarse la lengua madre del hebreo y se creía desaparecida y perdida para siempre. Se dieron cuenta, entonces, de la importancia del descubrimiento para la traducción e interpretación de los textos de la Biblia.

El hebreo, al igual que otras lenguas semíticas, está formado con raíces de las que se derivan los diferentes significados, a veces bien diferentes. Ahora bien, al haberse perdido la lengua ugarítica, se habían perdido algunos significados que derivaban de aquella lengua. Para que los lectores puedan entenderlo, es como si se hubiese perdido la lengua latina. Al descubrirla de nuevo, habríamos comprobado cómo muchas de las palabras de las lenguas romances, como el español, el francés o el portugués, se entendían mejor al conocer el latín. Así ocurrió con el descubrimiento de la lengua ugarítica, una lengua que se escribe con caracteres cuneiformes.

Cuando el padre Follet dio en el Instituto Bíblico de Roma uno de los primeros cursos de ugarítico, en los años cincuenta, yo me inscribí en él. Naturalmente, era imprescindible que la media docena de alumnos inscritos dominara el hebreo. Follet falleció a mitad de curso y se hizo llamar al padre Dahood, de Estados Unidos, para concluir los trabajos.

Yo me di cuenta de que usando algunos significados de las raíces ugaríticas, aplicados a las raíces hebreas, era más fácil interpretar algunos pasajes bíblicos que, hasta entonces, se consideraban de difícil traducción. E hice un estudio sobre el «sustrato ugarítico» en el libro de Rut. Yo tenía entonces 24 años y estaba estudiando Teología en la Universidad Pontificia Gregoriana de Roma. Mi trabajo no pudo publicarse porque, entonces, a los alumnos les estaba prohibido difundir sus trabajos en la revista de investigación del Instituto Bíblico, pero, más tarde, tuve la satisfacción de que aquel estudio del «sustrato ugarítico» en Rut fuera generalizado a otros textos de la Biblia. Hoy Trebolle confirma aquella intuición y asume la importancia de analizar el sustrato ugarítico en la Biblia. Citando a Dahood, mi profesor de ugarítico de entonces, Trebolle escribe: «Textos ugaríticos paralelos a los textos bíblicos permiten reconstruir la forma o el significado primitivo de palabras hebreas mal copiadas o mal interpretadas en la traducción manuscrita. Esto permite proponer nuevas y mejores traducciones de numerosos pasajes del Antiguo Testamento» *(La Biblia judía y la Biblia cristiana,* pág. 74). De ahí que las nuevas traducciones de la Biblia tendrán mayor credibilidad científica si los expertos conocen bien, además del hebreo, otras lenguas semíticas y cananeas.

SIN ORIGINALES

Muchos se preguntan qué nos ha quedado de los textos originales de la Biblia, si se conserva alguno de dichos originales y en qué material fueron escritos. Desafortunadamente, como dijimos ya, no poseemos ni un documento original. Tenemos sólo lo que llamamos «manuscritos», que son copias de los originales hechas a mano y que se fueron copiando de unos a otros a lo largo de los siglos. Se conservan hoy, en diferentes lugares del mundo, unos 4000 manuscritos de la Biblia, y su antigüedad se extiende desde el siglo II hasta el siglo XV de nuestra era. Los especialistas en materias bíblicas, sin embargo, no pierden la esperanza de poder encontrar, algún día, uno de aquellos originales.

Los más antiguos con los que se cuenta en la actualidad son los que se hallaron en el Mar Muerto, en Qumram. Los utilizaban los miembros de la secta judía de los esenios, una especie de monjes de la disidencia judía. Fue el pastor beduino de cabras Muhammad ad Dib, de la tribu de Taa'mireh, que acampa entre Belén y el Mar Muerto, quien por casualidad encontró uno de los tesoros arqueológicos más importantes del siglo pasado. Corriendo detrás de una cabra que se le había extraviado, tiró una piedra que cayó en una cueva, produciendo un ruido especial, como si se tratara de cerámica rota. Entró en la caverna y encontró una preciosa colección de manuscritos bíblicos: doce rollos de pergaminos y fragmentos de otros. Los rollos estaban escritos en papiro y pergamino envueltos en paños de lino. A partir de ese primer hallazgo, fueron examinadas otras cuevas y se encontraron nuevos y preciosos tesoros.

Los monjes esenios habían escondido aquellos manuscritos durante la segunda revolución de los judíos contra los romanos, entre 132 y 135 d.C. En total, en las 267 cavernas estudiadas, se encontraron fragmentos de 332 obras. Se hallan incluso cartas del líder de aquella revuelta, Bar Kochba, con su firma en perfecto estado. En los manuscritos hay pasajes de todos los libros de la Biblia actual, excepto del libro de Ester.

Los documentos causaron bastante preocupación, en un principio, en el seno de la Iglesia católica y conmovieron a la opinión pública mundial. Ese descubrimiento fue importante, entre otras muchas cosas, porque se ha podido comprobar que esos textos de la Biblia, los más antiguos conocidos hasta ahora, varían muy poco respecto a los que ya conocíamos y que eran mucho más recientes. Ello indica la preocupación de los amanuenses, al copiar los libros, de ser fieles al texto.

En las excavaciones del Mar Muerto, el manuscrito más importante es un rollo que contiene el libro del profeta Isaías. Se ha datado en el año 100 a.C., es decir, anterior en unos mil años al manuscrito más antiguo que poseíamos hasta ahora de la Biblia. Tiene, pues, más de dos mil años. Pero ni siquiera ese manuscrito es original. Sólo es una copia más.

¿Por qué los originales de textos tan importantes no han llegado hasta nosotros? Hay varios motivos. Algunos de ellos aparecen claramente ilustrados en *La Biblia a través de los siglos*, de Antonio Gilberto. En principio, los judíos tenían la costumbre de enterrar los manuscritos viejos y deteriorados para evitar mutilaciones.

Sabemos que Antíoco Epifanio, que dominó sobre Palestina con gran crueldad, había jurado muerte a la religión judía. En el año 168 a.C. asoló Jerusalén, profanó el Templo y destruyó todas las copias que encontró de la Biblia. Estaba tan convencido de haber acabado con todos los manuscritos de la Biblia que incluso hizo acuñar una moneda para conmemorar la victoria.

Pero ni siquiera Antíoco consiguió destruir todos los manuscritos. Muchos de ellos fueron conservados en la sinagoga y a partir de ellos se realizó la traducción al griego. Hasta los descubrimientos de Qumram en 1947, el manuscrito conocido más antiguo de la Biblia judía era el que se conserva en la Sinagoga Caraíta del Cairo, que fue escrito en Tiberíades el año 895 d.C. por Mosés Ben Asher, un erudito judío. Los caraítas defendían ya la libre interpretación de las Escrituras, como propugnó más tarde Lutero y el resto de las Iglesias protestantes. Ese manuscrito contiene los libros de los primeros profetas: Josué, Jueces, Samuel (1 y 2) y Reyes (1 y 2); contiene también los últimos profetas, entre ellos, Isaías y Jeremías. Otros códices posteriores se encuentran, por ejemplo, en el Museo Británico de Londres o en la Biblioteca de Leningrado.

El más completo de todos y el que hizo posible las diversas traducciones del original hebreo, entre ellas, la famosa Biblia de Jerusalén, realizada por especialistas de la Universidad Hebrea de Jerusalén, es el llamado «Código Aleppo», que contiene todo lo que llamamos la Biblia judía, o Antiguo Testamento, según el canon aprobado por los judíos. Fue copiado por Shelomo Ben Bayaa. En este caso, se transcribieron también las vocales —inexistentes en hebreo—, para ayudar a su lectura; esta modificación se debe a Mosés Ben Asher, que cumplió su trabajo cerca del 930 d.C. El códice estaba en Siria y ahora se encuentra en Israel.

Curiosamente, los códices más antiguos de la Biblia se han conservado en griego y son traducciones de los textos originales que se perdieron. Entre ellos figuran, por ejemplo, el Códice Vaticano, del 325 d.C., y el Códice Sinaítico, del 340 d.C., que se guarda en el Museo Británico. Este códice tiene una historia interesante: fue descubierto en el año 1844 por Tischendorf en el Monasterio de Santa Catalina, en el Monte Sinaí, y el zar de Rusia lo compró en 1899. En 1993, el gobierno británico lo compró a los rusos por cien mil libras esterlinas, de modo que se considera el libro más caro del mundo.

Papiros y pergaminos

Es difícil saber con exactitud en qué material o materiales fueron escritos los diferentes libros de la Biblia, ya que no poseemos los originales. Pero podemos imaginarlo teniendo en cuenta los materiales que se usaban en aquellos tiempos, en Israel, para otros textos. Fundamentalmente, la Biblia debió de escribirse sobre papiros y pergaminos. El papiro, una planta abundante en Egipto, era el material en el que se escribían la mayoría de los escritos del Imperio Romano. Las tiras de piel o pergaminos eran también un soporte común. Por lo que se refiere a los libros proféticos, ya que los profetas eran oradores y poetas, es posible que fueran escritos algunos de ellos en trozos de barro o arcilla sobre la que escribían con un punzón, o incluso en tablillas de madera, aunque poco a poco debieron de irse transcribiendo también en papiro o pergamino.

Hasta finales del siglo I d.C., los libros de papiro o de piel se presentaban en forma de rollos, es decir, las tiras se unían una bajo la otra y después se enrollaban, como un tubo. En los códices posteriores las hojas aparecen encuadernadas, como en los libros actuales. El libro de Isaías descubierto en las excavaciones del Mar Muerto mantiene la forma de rollo. Y así eran también los libros de la Biblia que Jesús leía en las sinagogas. Aquellos rollos tenían carácter sagrado. Se decía que «manchaban las manos». Los judíos los llevaban el sábado a la sinagoga envueltos en un paño, para no tocarlos con las manos. En parte, lo hacían para conservarlos mejor, pues eran frágiles, y en parte, porque se consideraban revelación divina y, por tanto, sagrados.

CAPÍTULO V

El libro erótico

Quizá sea exagerado decir que la Biblia es un libro erótico, pero, sin duda, el sexo, en todas sus manifestaciones, aparece constantemente en sus páginas. De hecho, la lectura de la Biblia fue prohibida durante siglos a los niños, a los jóvenes y a las mujeres. Y, en las misas, se leía en latín —lengua que ya nadie entendía a partir del siglo V, excepto los sacerdotes y algunos sectores sociales especialmente favorecidos.

Ocurre que las Sagradas Escrituras no son un libro espiritual, aunque sí profundamente religioso. Narran siglos de vida y de historia de un pueblo para el cual la sexualidad era fundamental por un motivo importante: para asegurar la supervivencia de la especie y de la raza. La fecundidad era tan importante que los grandes patriarcas, y Abraham el primero, no tenían escrúpulos en engendrar un hijo con una esclava cuando su mujer era estéril.

Hay también un motivo sustancial que explica por qué la Biblia, que es el libro de la Iglesia cristiana, está impregnada de sexo, de corporalidad y de manifestaciones de los sentidos, mientras que, como es sabido, para los cristianos la sexualidad es casi un tabú, siempre revestida de pecado y considerada elemento secundario, ya que lo que prima es el alma y el espíritu.

En el judaísmo, al contrario, el alma es algo que vive dentro del cuerpo, siendo éste, su carne, la verdadera realidad del hombre. Para el cristianismo, lo que permite que un individuo sea tal es su alma; el cuerpo es sólo un instrumento pasivo, un receptáculo en el que el alma habita. El cuerpo es sólo la cáscara amarga bajo la que se esconde el fruto sabroso: el espíritu.

Eso explica que, para los judíos, el sexo fuera algo positivo y digno de vivirse con felicidad, mientras que, para los cristianos, por tratarse de una función corporal, la actitud adecuada consistiera en reprimirlo, sublimarlo, para dejar volar libre al espíritu, que es el elemento esencial de la persona. Ese abismo, que sorprende a los que por primera vez se aventuran a leer la Biblia, sigue vivo. Y se trata de diferencias no sólo teológicas, sino también sociales y culturales. Para el cristiano, la virginidad sigue teniendo un valor primordial, mientras que para un judío lo fundamental es la fecundidad. La sexualidad adquiere, por tanto, un fuerte tinte religioso, como la alimentación o la comida, cuyo exceso, la gula, ha acabado configurándose entre los cristianos como uno de los pecados capitales, como la lujuria.

Para la Iglesia católica ha sido siempre tan fuerte el tabú del sexo y le cuesta tanto admitir que la función de la sexualidad puede ir más allá de la simple procreación, que hasta los tiempos recientes del Concilio Vaticano II, a mediados del siglo pasado, no se consiguió aprobar un texto —con mil matices y titubeos— en el que se empezase a vislumbrar que el ejercicio de la sexualidad puede ser también un instrumento de conocimiento entre las personas y, por tanto, asociado al placer y distinto del mero hecho procreativo.

Sexo, derecho e injusticia social

En la Biblia el concepto de pecado sexual es diferente del que despues elaboró la Iglesia católica. Incluso cuando una virgen es violada, pesa más la violación del derecho de un tercero que la propia violación. «Aunque esto pueda escandalizarnos», afirma Santos Benetti, «demuestra que el acto sexual en la Biblia no tiene ninguna connotación negativa». Y añade en *Sexualidad y erotismo en la Biblia:* «Por dicho motivo, la Biblia no alude a actos sexuales internos o privados del individuo (autoerotismo) ni a las relaciones sexuales que, fuera del matrimonio, no violen derechos de un tercero, como en el caso del adulterio».

En la Biblia es tan importante el respeto a los derechos del prójimo que el pecado fundamental, tras la idolatría, es la injusticia social y la opresión de los pobres, nunca el pecado sexual. Y, en lo que toca al sexo, el pecado más castigado es el del adulterio, por lo que supone de agravio a la propiedad privada, ya que se consideraba que la mujer era propiedad del marido.

Tan poca importancia da la Biblia a la casuística de la sexualidad, si se exceptúa el tema de la fecundidad, que ni la palabra existe en los textos sagrados. En el primer relato de la creación, el autor del Génesis se limita a contar que Dios creó al ser humano «hombre y mujer» y que los creó «a su imagen y semejanza». Y la importancia de crear al hombre mujer y varón, fue una razón más social que sexual: «No está bien que el hombre esté solo. La daré una compañera igual a él». El valor de la relación sexual en el matrimonio nunca se pone en duda en la Biblia. Para los judíos, dentro del matrimonio, en las relaciones íntimas, todo está permitido, incluso manifestaciones prohibidas por la Iglesia, como el sexo oral o anal. Basta que dichos actos se realicen de mutuo acuerdo. No hay tabúes, en general, en la expresión corporal del sexo en el mundo bíblico, aunque es verdad que se condena con fuerza todo lo que atente a la procreación.

LA FALSA HISTORIA DE ONÁN

A este respecto es interesante cómo, contra lo que se suele predicar en no pocas iglesias, el onanismo no aparece condenado en la Biblia. La Iglesia tomó la voz «onanismo» de la historia —erróneamente interpretada— de Onán, el segundo hijo de Judá y de su esposa cananea, la hija de Sué. Tras el fallecimiento de su hermano mayor, Her, sin descendencia,

Judá ordenó a Onán que se acostase con Tamar, la viuda de su hermano. Onán lo hacía, pero dice la Biblia que «derramaba el semen en la tierra». Como explica Carl S. Erlich, «el pecado de Onán no fue sexual». El pecado consistió en negarse a cumplir la obligación que imponía la ley judaica, según la cual un hermano tenía el deber de preñar a la mujer de su hermano si éste moría sin heredero. Por eso Dios hace morir a Onán. Pero el suyo no fue un pecado de autoerotismo, como siempre han sostenido las iglesias cristianas.

Israel había convivido con pueblos vecinos cuya cultura había elevado la sexualidad a la categoría de lo divino. Existían infinidad de dioses padres y madres, dioses del amor que se casaban entre ellos y con los seres humanos, y prostitutas sagradas que representaban a la divinidad. Y aunque los judíos redujeron su culto a un solo dios, abandonando —a veces con reticencias— la multiplicidad de dioses paganos, siempre quedó presente una cierta indulgencia acerca del ejercicio de la sexualidad, y así se advierte en los libros de la Biblia. Por ejemplo, la prostitución sagrada siguió vigente durante ciertos periodos y existió siempre una cierta condescendencia por el mundo de las prostitutas, como puede comprobarse incluso en los Evangelios, donde Jesús dice a los apóstoles, que querían estigmatizarlas, que ellas «les precederían en el Reino de los Cielos». Y se dejaba tocar por ellas y lavar sus pies con ricos perfumes.

Por eso, en la Biblia se advierte una relación —a veces ambigua— entre el sexo y lo sagrado. El sexo es una función creativa concedida por Dios y, por tanto, un elemento muy positivo. Eva, apenas da a luz al primer hijo, exclama: «He procreado un hombre gracias a Yahvéh». Y toda la enorme importancia de la alianza entre Dios y su pueblo se presenta bajo la metáfora de la sacralización de la sexualidad: Israel será la *esposa* de Dios.

Curiosamente, todos los complejos rituales judíos sobre lo puro y lo impuro, que a nosotros nos pueden sorprender, hay que entenderlos en la clave de la importancia que lo sexual tenía en la vida diaria. Son prácticas que no derivan de un desprecio o miedo a la sexualidad, sino de la sacralización de la misma. Detrás de todo está la importancia que el judaísmo concede al cuerpo, importancia que más tarde, en el cristianismo, se dirigiría más bien hacia el alma.

Para los católicos, las cosas —y el sexo en primer lugar— no son buenas en sí y por sí, ni porque Dios las ha creado y, según el relato de la Creación, «vio que todas eran buenas». En principio, para los católicos, el cuerpo y sus manifestaciones poseen una connotación negativa. Y para exorcizarlas hay que «santificarlas». Sólo las palabras sacramentales tienen fuerza positiva y creativa. Lo espiritual prevalece ante lo corporal. Lo tangible es el reino de Satanás, mientras que lo invisible e impalpable, el espíritu, es el Reino de Dios.

LAS MANOS DEBAJO DE LOS GENITALES

La sexualidad sale así, definitivamente, del ámbito bíblico de la sacralidad. Hoy los juramentos se hacen sobre el libro de la Biblia, pero en tiempos de los patriarcas, es decir, los de la Biblia, los juramentos se hacían, como es el caso de Abraham con su esclavo, colocando las manos debajo de los genitales, que representaban para los judíos el centro de la personalidad humana, la más profunda y respetable.

Por eso, en lo que atañe a la sexualidad, la Biblia no esconde nada al narrar la historia del pueblo elegido. Ni lo positivo ni lo negativo. Y por eso se suele decir que la Biblia es un libro «escabroso», porque en él se habla con naturalidad de todas las llamadas «desviaciones» o pecados del sexo: incesto, prostitución, adulterio, infidelidades conyugales, voyeurismo, sodomía, violaciones, etcétera. Pero, bien al contrario que las corrientes actuales, en la Biblia la homosexualidad nunca se considera una tendencia natural sino, más bien, una «deformación moral».

Nunca se habla en la Biblia del aborto, probablemente porque el mayor premio para una mujer era que Yahvéh le concediera descendencia, si fuera posible, extensa, «como las estrellas del cielo». El mayor castigo divino era el de la esterilidad, que entonces era sólo la de la mujer, ya que, al parecer, aún no se conocía la esterilidad masculina. Para los pueblos que aparecen en la Biblia, el problema no era el control de la natalidad, sino, bien al contrario, cómo dejar descendencia y aumentar la población de las tribus. Ello explica ciertas normas que a nosotros pueden sorprendernos, como la petición de la esposa estéril al marido para que procree con una de las esclavas. No era algo contrario al amor. Era la mayor expresión de afecto de la esposa hacia su marido, para no sufrir la ignominia de no tener herederos. La procreación aparece en la Biblia como una bendición de Dios y, al mismo tiempo, como un mandamiento: «Creced y multiplicaos».

Era tan importante la sexualidad para los pueblos de la Biblia que, mientras en ciertas culturas cercanas a la judía los sacerdotes del templo se autocastraban como forma de ofrecer su sexualidad a los dioses, el judaísmo no sólo prohíbe la castración, sino que esta mutilación era un impedimento para acceder al sacerdocio. La Iglesia católica ha mantenido este imperativo en su Derecho Canónico y es, precisamente, una herencia judía.

En general, en la Biblia, salpicada toda ella de gestas relacionadas con el sexo, prácticamente no existen normas concretas sobre el uso del ejercicio personal de la sexualidad. Se trata casi siempre de normas mínimas y fundamentales destinadas sobre todo a regir el orden social y la convivencia humana. No existen normas de moral sexual individual.

Permanece, sin embargo, una cierta ambigüedad en lo concerniente al hecho de que la sexualidad se considere un hecho positivo o una fuerza que Dios concede al hombre y, al mismo tiempo, la mujer se tenga por poco menos que un objeto, sin casi derechos propios —sobre todo en los tiempos posteriores al exilio. Sorprenden también las penas severísimas, por ejemplo, contra el adulterio, condenado con la pena de muerte, aunque hay autores que sostienen, como ya hemos subrayado anteriormente, que la severidad contra el adulterio estaba más relacionada con el derecho de propiedad —la mujer es propiedad del marido— y con los problemas de la descendencia del clan, que con lo relacionado con el sexo.

El mandamiento de Dios a Moisés no fue, como aparece en algunas traducciones de la Biblia católica, «no fornicarás», sino «no te adueñarás de la mujer de tu prójimo». La llamada «fornicación» o relación carnal entre dos solteros no aparece especialmente condenada en la Biblia.

Capítulo VI

La mujer en la Biblia

Existe mucha desinformación sobre el papel que la mujer desempeña en los escritos bíblicos. Y también muchas contradicciones y ambigüedades, aunque no se puede olvidar que se trata, como ya se dijo, de un periodo que abarca varios miles de años. Si, por una parte, la mujer aparece como «la madre de los vivientes», como la compañera del hombre, con la misma dignidad que él y como símbolo de la alianza entre Dios y su pueblo elegido, por otra, la vida práctica de la cultura de aquellos tiempos la reduce a poco más que un objeto, origen de todos los males, la tentadora por excelencia, la superficial, a la que se le prohíbe incluso estudiar las Escrituras y cuyo testimonio es inválido en un juicio. Para la Biblia, según el libro del Eclesiastés, «es preferible la malicia de un hombre al bien realizado por una mujer».

Si los pueblos protagonistas de la Biblia consideraban a la mujer como poco menos que un animal, en las culturas circundantes no era algo mejor. Incluso en civilizaciones más desarrolladas, como la griega o la latina. Para Platón, incluso los jóvenes eran mejores sexualmente que las mujeres. Para Aristóteles, que acabaría influenciando la teología de Tomás de Aquino, la mujer «posee una naturaleza defectuosa e incompleta». Y san Agustín llegó a dudar que las mujeres tuvieran alma. Cicerón se despachó diciendo «que si no existieran las mujeres, los hombres serían capaces de hablar con Dios». Y Friedrich Nietzsche preguntaba en su obra *Así habló Zaratustra:* «¿Vas con mujeres? No te olvides el látigo».

Al menos, en el mundo judío no se prohibía a las mujeres gozar de los placeres de la sexualidad, ni existía el infanticidio que despojaba a las madres de sus pequeños, y las mujeres eran en la familia las grandes responsables de la educación de los hijos.

De hecho, la imagen más elocuente —usada incluso hoy por algunos rabinos— presenta al hombre como el sol y a la mujer como la luna. Y así como la luna no tiene luz propia, sino que la recibe del sol, así la mujer todo lo que es lo debe recibir del marido. Por eso, incluso dentro del mundo judío, se considera que la gran revolución de Jesús de Nazaret fue su batalla en favor de la igualdad de la mujer.

Sencillamente, el profeta se olvidó de los tabúes que existían en su tiempo contra las mujeres y las trató como seres humanos, con los mismos derechos que los varones. Si estaba prohibido hablar con una mujer en la calle o tocarla, Jesús se dejaba abrazar incluso por las prostitutas. Si la mujer tenía un lugar reservado en el Templo, separada del de los hombres, si no podían estudiar la Biblia, Él se hace acompañar por mujeres junto con los discípulos y ordena a la mujer samaritana, que no era judía, que sea misionera en su nombre. Si el adulterio se castigaba con la pena de muerte por lapidación, Jesús, escribiendo unas palabras misteriosas con su dedo sobre el polvo de las losas de la entrada del Templo, hace huir avergonzados a un puñado de viejos que, para provocar su indulgencia con las mujeres, le llevaron arrastrando el cuerpo joven de una mujer en pecado, recordándole que la ley ordenaba matarla a pedradas. Jesús la salvó.

En el tiempo de los patriarcas

El hecho de que el judío Jesús tuviera que enfrentarse con el poder de su tiempo —el sacerdotal y el civil— para hacer su revolución a favor de la mujer es la mejor demostración de que también en su tiempo la mujer era una esclava bajo el poder masculino. Pero, al mismo tiempo, el profeta de Nazaret, que conocía muy bien la Biblia y que la citaba cientos de veces, sabía que en tiempos de los patriarcas, antes del exilio babilónico, las mujeres gozaban en Israel de una libertad semejante a la de los hombres.

En aquel mundo patriarcal, la fe de Israel, que era elemental, colocaba a la mujer, a los ojos de Dios, en el mismo plano que el varón. En el relato del Génesis, que es la parte de la Biblia que narra los orígenes del mundo y que refleja por tanto la teoría de la creación según los patriarcas, Dios crea a su imagen y semejanza tanto al hombre como a la mujer. Y lo que puede degradar a la mujer, desde la poligamia o la subordinación de la mujer al varón, se considera consecuencia del pecado, no como algo que tenga origen en la naturaleza de la mujer.

La demostración de que la situación de la mujer en el primer Israel, antes de los largos años del exilio en Babilonia, era mucho mejor que la que sufrió después del exilio, cuando muchos judíos pudieron volver a Palestina y reconstruir el Templo, es que en el Israel preexilio existían mujeres que profetizaban como los hombres, que ejercían como juezas e incluso fueron reinas.

En los tiempos de los patriarcas, la mujer nunca se consideró una mercancía y sus relaciones sexuales con el marido se entendían como una metáfora del amor divino. Existen referencias incluso arqueológicas de que, en el Israel preexílico, las mujeres, igual que en Egipto y en Mesopotamia, actuaban en el mundo del comercio y de los negocios, defendían procesos, podían firmar contratos y escrituras y eran propietarias de casas, cosa que no aparece en la Biblia.

Cuando el llamado «resto de Israel» vuelve del exilio babilónico, las cosas cambian a peor para la mujer. Por miedo a que Yahvéh vuelva a castigarles con otros exilios, deciden darse unas reglas más severas. Se insiste en la práctica de la circuncisión y en los sacrificios sangrientos de animales. La sangre vuelve a ser objeto de culto y, fuera del altar del sacrificio, se hace impura. Así, la sangre menstrual y el parto hacen impuras a las mujeres. Se las aleja cada vez más del culto y en el Templo se construye un recinto especial para segregarlas de los demás. Al no poder estudiar ni participar en el culto, las mujeres se convierten, de hecho, en ciudadanas de segunda categoría bajo el dominio y la omnipotencia de sus maridos.

El poder de la seducción

En general, sin embargo, tanto antes como después del exilio judío, aunque con ciertas diferencias notables, la mujer siempre se considera inferior al hombre. Excepto en un detalle: en su formidable poder de seducción. De las mujeres, la Biblia exalta continuamente la importancia de su belleza «para agradar al hombre» y el uso que ellas hacen de esa fuerza de seducción, mediante su cuerpo, para grandes o pequeñas epopeyas. Clásica es la figura de Judit, que es el nombre femenino hebreo de «judío», que usa todas sus artes de seducción para acabar cortando la cabeza del general asirio Holofernes, humillando al gran rey Nabucodonosor. La Biblia le perdona todo a Judit: la mentira, el hecho de que el fin justifique los medios, hasta el asesinato, porque ha sido capaz de usar todas sus artes de seducción femenina contra el enemigo de Israel.

Una cosa es cierta: la Biblia, sobre todo la del periodo posterior a la diáspora, fue escrita exclusivamente por hombres y para hombres, en un contexto totalmente masculino, donde apenas se nombra a la mujer y su papel en la sociedad. Se trata de un campo que aún merece y espera nuevas investigaciones.

En el conjunto bíblico, sólo contamos con un libro escrito probablemente por una mujer: el Cantar de los Cantares. Curiosamente, es el libro más erótico. Y narra el amor de dos jóvenes, no casados, en el que el papel de la mujer es totalmente paralelo al del varón. En él no aparecen nunca las figuras recurrentes de esposas y madres. Ni se habla de Dios. Por eso, tanto judíos como cristianos encontraron tantas dificultades a la hora de incluir dicho libro en el canon oficial de los textos considerados como revelados e inspirados por Dios.

El retrato bíblico de la mujer ha sido dibujado por los hombres, y por hombres que tenían a la mujer en muy poca consideración. El famoso libro de los Proverbios, atribuido al rey Salomón, cuya redacción definitiva y completa pudo tener lugar hacia el 300 a.C., no hace gala de ninguna benevolencia para con la mujer, a quien califica de «proclive al adulterio», «voluble», «vanidosa» y «estúpida».

La mujer y la influencia grecolatina

Pero, en general, y aunque pueda parecer paradójico, los judíos fueron poco a poco desvalorizando a la mujer en la medida en que se fueron alejando de sus orígenes primitivos y rurales y se fueron mezclando con las culturas más avanzadas de su tiempo. Entre éstas, cabe destacar la civilización griega, cuya influencia es decisiva en el judaísmo tardío. Tanto el pitagorismo como el aristotelismo denigraban abiertamente el papel de la mujer, reduciéndolo al puramente sensorial. Y eso acabó teniendo repercusiones en el judaísmo. Hasta que Jesús desempolvó la imagen más bien positiva que de la mujer habían tenido los patriarcas.

Duró poco. San Pablo, que mantuvo algunas diferencias con los apóstoles que habían conocido personalmente a Jesús y que transformó en teología la doctrina sencilla del Reino de Dios anunciada por Jesús, volvió a colocar a la mujer en un lugar subalterno. La Iglesia siguió este camino. Negó a la mujer el acceso al sacerdocio, sublimó la castidad hasta sancionar el celibato obligatorio de los sacerdotes, obligó otra vez a la mujer a cubrirse la cabeza en la iglesia como símbolo de sumisión e hizo de la virginidad y de la pureza de la mujer el gran estandarte de la santidad.

El Derecho Canónico y la Teología Moral legislaron hasta lo indecible sobre la sexualidad, dictando leyes y recomendaciones, incluso, sobre el comportamiento de los cristianos en el lecho matrimonial: se suplantaba así la letra cristalina y sencilla de los Evangelios, donde apenas existe ni una sola palabra sobre el comportamiento sexual. Allí, lo relativo al sexo se deja en manos del buen sentido y la conciencia de los creyentes.

Por eso, a pesar de todo lo referido a propósito de la condición subalterna femenina que, en general, aparece en la Biblia, en ella se pueden encontrar páginas mucho más abiertas sobre la dignidad de la mujer y sobre el simbolismo sagrado de su feminidad. Desde luego, lo son respecto a otros escritos posteriores, tanto civiles como eclesiásticos, de culturas que siempre hemos considerado superiores.

Hay hasta quien sostiene que los autores grecolatinos acabaron revelándose más machistas que los mismos grandes patriarcas nómadas que peregrinaron desde Mesopotamia hacia Egipto en busca de un trozo de tierra prometida por Dios a cambio de la fidelidad al pacto firmado con él. La alianza o pacto que Dios hizo con su pueblo adquirió los matices del simbolismo amoroso entre el esposo y la esposa.

La mujer judía tuvo, tal y como aparece en la Biblia, aunque sea sólo a veces subliminalmente y como relámpagos de luz, un papel fundamental, tanto en la supervivencia de su pueblo como en la conservación de su fe al Dios que había hecho de Eva, la primera mujer, no la «madre de la tierra», como en las otras religiones paganas, sino la función mucho más importante y sagrada de ser «la madre de la vida».

Capítulo VII

La tierra de la Biblia

El escritor siciliano Leonardo Sciascia, el gran narrador del ambiente mafioso italiano *(El día de la lechuza)*, quiso hacer un viaje a lo que él llamaba «la tierra del *Quijote»*. Enamorado de la obra de Miguel de Cervantes, quiso conocer personalmente la tierra donde aquella historia había nacido, aunque no fuese más que literariamente. Con mucho más motivo, es importante hoy para un lector de la Biblia conocer la tierra en la que sus autores sitúan la historia narrada. Sin conocer aquella tierra y su cultura, difícilmente se podrá saborear en toda su extensión la epopeya literaria de los libros sagrados judíos.

Si en las escuelas occidentales se realizara una prueba con los alumnos, incluso entre los que profesan la fe cristiana, sobre aquellos territorios del Oriente en los que se desarrollan los acontecimientos bíblicos, podría haber sorpresas. ¿Sabrían decir dónde se sitúa exactamente la que fue la tierra de los antiguos patriarcas bíblicos? ¿De dónde partió Abraham para conducir a su pueblo nómada hacia la Tierra Prometida? ¿Sabrían que aquella Tierra es el actual Irak? ¿Sabrían que los judíos nunca usaron un nombre —ni siquiera Palestina o Canaán— para designar a su tierra? ¿Sabrían decir algo a propósito de las costumbres, de la vida de aquellas tribus nómadas que acabaron convirtiéndose en un reino? ¿Sabrían distinguir Israel de Judá, tribu esta última que dio el nombre a los judíos? ¿O en qué parte geográfica exacta se emplazaba la llamada Tierra Prometida bíblica? ¿Sabrían algo de los pueblos que circundaban al pueblo escogido por Dios y de las diferencias culturales entre ellos?

La primera sorpresa que puede recibir el lector de la Biblia que no conoce el ámbito geográfico en que nacieron aquellos escritos atañe a su extensión: se trataba de un pañuelo de tierra y no de un gran territorio o imperio, como podrían indicar sus escritos, abundantes en hipérboles. La llamada Tierra Prometida, constituida por los reinos de Israel y de Judá, era un espacio insignificante llamado Palestina, un nombre —no hebreo sino griego— que servía para identificar la población costera de los filisteos, que curiosamente eran los enemigos de Israel. Ese nombre era ya conocido y fue utilizado por el griego Heródoto en el siglo v a.C. La administración del Imperio Romano llamaba Judea a esa misma región. En la actualidad, comprende el estado de Israel, donde predominan los judíos, y el futuro estado Palestino, donde se concentran árabes y palestinos. La capital es Jerusalén.

En los tiempos bíblicos, esa región se llamaba Canaán y sus habitantes, en el 1 300 a.C., eran conocidos como cananeos. Su superficie se extendía a lo largo de 22 000 kilómetros cuadrados, un territorio similar al que comprenden actualmente las tres provincias de la Comunidad Valenciana. En su parte más ancha, apenas llegaba a los 160 kilómetros y, en la franja más estrecha, menos de 40. Canaán fue seguramente el nombre original de Palestina. Allí habitaba un pueblo mezcla de varias razas, predominantemente semitas y con una cultura bastante desarrollada. Vivían de la agricultura y de la caza. Los cananeos perecieron ante los israelitas en la famosa ocupación de finales del siglo XIII a.C. Fue en Canaán donde los israelitas, siguiendo al patriarca Abraham, acabaron construyendo una nación, aunque no consiguieron unificar aquella tierra por mucho tiempo.

Para entender la relevancia de aquel trozo insignificante de tierra que acabó teniendo tanto influjo en los siglos futuros es preciso recordar que existe una especie de media luna geográfica alrededor del desierto de Arabia, denominado «creciente fértil», que abrigaba grandes culturas hace cuatro mil años. Estos pueblos estaban apiñados en lo que se denominó «cuna de la civilización» desde la edad de piedra hasta la edad de oro de la cultura grecorromana. Esa media luna, bien evidenciada por Werner Keller en su obra *Y la Biblia tenía razón*, comienza en Egipto, pasa por los territorios mediterráneos de Palestina y Siria, sigue hasta los ríos Tigris y Éufrates, a través de Mesopotamia, y baja hasta el Golfo Pérsico. Sobre un mapa, este arco se extiende desde Tebas y Menfis, en Egipto, cruza Tiro, Sidón y Damasco, y alcanza el actual Irak en las antiguas ciudades de Nínive, Babilonia y Ur, la patria de Abraham.

En los tiempos de los patriarcas, cuando un puñado de familias nómadas capitaneadas por Abraham partieron —probablemente— de Ur, en busca de la Tierra Prometida, florecían en estos territorios grandes civilizaciones: los egipcios fueron capaces de levantar sus inmensas pirámides y en las riberas del Nilo, del Éufrates y del Tigris se cultivaban cereales con la ayuda de canales artificiales. Existía ya la escritura cuneiforme y jeroglífica. La poesía, la ciencia, la medicina y la literatura estaban en auge. Los matemáticos anticipaban cálculos complejos y arriesgados, y los astrónomos determinaban ya con precisión las órbitas de los planetas.

LA TIERRA PROMETIDA: NI ORO NI PLATA

Cuando el pueblo judío aún no existía, las tribus nómadas viajaban de acuerdo con sus necesidades ganaderas o con las obligaciones comerciales. Buscaban tierras donde se mezclaban terrenos fértiles y desiertos, y hallaban tierras difíciles de cultivar, con pequeños oasis donde crecían la vid y las higueras. Lugares de sol ardiente y de fríos insoportables.

Antiguamente, Palestina estuvo cubierta de bosques, pero después se extendió por ella el desierto. Y aunque en la Biblia se habla de una tierra donde «corría leche y miel», en realidad, se trataba más bien del *sueño* de una tierra fértil de aquellos hijos nómadas en las tierras duras del desierto. Palestina era, en fin, la franja menos apreciada del llamado «creciente fértil». No poseía oro, plata ni estaño. Para obtener cualquier tipo de material precioso, tenían que recurrir al Líbano, en el norte, como hizo el rey Salomón en la construcción del Templo, según cuenta la Biblia.

Es curioso que el «pueblo de la Biblia», cuyos tesoros literarios acabarían superando todo lo imaginable, no era nada cuando entró en el siglo XIII a.C. en la tierra de los cananeos, los cuales contaban ya con ciudades fortificadas y organizadas como reinos. Allí llegaron aquellas familias nómadas de origen semita con la intención de ser algún día, también ellas, un reino. La historia hace referencia a los reinos cananeos pero, en realidad, se trataba de poco más que aldeas. Algunas poblaciones apenas alcanzarían hoy a llamarse ciudades. La misma Jerusalén del rey David no era más que un villorrio. No tenía calles y las casas se amontonaban unas sobre otras. Y aunque la densidad de dichos núcleos urbanos era alta, su población no alcanzaba más allá de unos miles de habitantes. Se calcula que toda la población de los reinos de Israel y de Judá, juntos, en la primera mitad del siglo VIII a.C., no superaba el millón de habitantes.

El primer periodo que cabe estudiar en el proceso de creación de los textos bíblicos abarca desde el 1250 al 550 a.C. Es lo que algunos llaman el Israel Antiguo. Se trata del pueblo formado por las doce tribus de Israel. Los historiadores suponen que, hacia el año 1250 a.C., el pueblo hebreo partió de Egipto y que, hacia 1230 a.C., conquistaron la Tierra Prometida, en los tiempos bíblicos de Moisés y Josué. Se produjeron entonces graves conflictos armados, internos y con otros pueblos limítrofes (filisteos, amalequitas, edomitas, moabitas o ammonitas), rebeliones, asesinatos, conquistas, revoluciones, etcétera. En torno al año 722 a.C. se da por concluido el reino de Israel y, tras el imperio neobabilónico de Nabucodonosor, con Jerusalén en llamas (586 a.C.), se cierra el llamado reino de Judá. El fin del exilio y la reanudación del culto tuvieron lugar en torno al año 538 a.C.

Este periodo sólo puede reconstruirse a partir de las fuentes bíblicas. Únicamente se cuenta con dos fuentes extrabíblicas que confirman, por ejemplo, la historicidad del éxodo de Egipto en 1250 a.C. Son la estela del faraón Merneftah, conmemorando que «Israel es desvastada» y la estela del rey moabita Mesha, en el 850 a.C., en la que se dice que se había liberado del «hijo de Omri de Israel».

Aquellas tribus creían firmemente en la alianza de Dios con su pueblo: las tradiciones religiosas heredadas de los patriarcas y fortalecidas por los profetas impulsaron la afirmación de normas éticas, morales y religiosas, y la fijación de ritos y prácticas que distinguían a los judíos e israelitas del resto de las culturas colindantes.

La verdadera riqueza del pueblo escogido por Dios fue su compleja y rica construcción religiosa, no los avances en la ciencia, ni en la medicina ni en la astrología. La cultura judía, la verdadera ciencia de Israel, era la teología. Sólo así se explica que aquel pueblo sin historia, sin cultura, sin una tierra propia, sin fuerza militar y sin identidad nacional creara ese monumento religioso-literario: la Biblia. Sus textos son, sin embargo, el centro de una cultura original cuya influencia ha sido decisiva en el devenir de la historia.

Un Dios nómada

Se puede decir que los judíos crearon el cuerpo de su religión a partir de la conciencia de que era el Dios invisible e innominable quien les iba formando en la escuela de lo divino. Este proceso fue el origen de la fuerte y sólida religión monoteísta que después abrazarían cristianos y musulmanes: todos se llaman hijos del padre Abraham. Cuando los hijos de Abraham llegan a la tierra de Canaán, los cananeos practicaban una religión de tipo sedentario. Adoraban a una multitud de dioses de la fertilidad y practicaban ritos de prostitución sagrada y sacrificios humanos, algo que hería la sensibilidad religiosa de los judíos, que comenzaban a recibir de su Dios una ley moral muy severa.

En vez de adorar a los dioses de la ciudad —los dioses del comercio—, los judíos que llegaron a Canaán con el propósito de conquistarla y de hacer de ella la Tierra Prometida adoraban a Yahvéh, un Dios nómada, como ellos. El mismo nombre de hebreo deriva de *hapîru* y significa "nómada o emigrante". Por eso, cada vez que se habla de los «hijos de Israel» se habla de la Alta Mesopotamia donde la Biblia localiza a Jarán, la ciudad de Abraham, aunque, en otro lugar, la Biblia señala que el gran patriarca salió con su pueblo de la ciudad de Ur, en la Baja Mesopotamia.

En realidad, el pueblo constituido en el siglo XI a.C. por las doce tribus de Israel no era homogéneo culturalmente. Estaba formado por una corriente llegada del noroeste de Siria y por otra llegada del sur, de las fronteras de Egipto. Los israelitas llegados a Canaán acabaron sustituyendo su sistema económico esclavista por una economía agraria más comunitaria y tribal. Cuando se habla de que los judíos provenían de las tribus semitas, hay que recordar que no con todos los semitas se sentían igualmente hermanos, algo que aún hoy, de alguna forma, persiste. Por ejemplo, se sentían parientes cercanos de los ismaelitas o árabes, considerados también descendientes de Abraham, pero no los consideraban con los mismos derechos que los «hijos de Israel», porque Ismael era hijo de la esclava de Abraham, con quien Sara, su mujer estéril, le permitió procrear; pero los judíos recuerdan que el gran patriarca expulsó a Ismael y a su madre de la casa. Lo mismo ocurre con los descendientes de Esaú, que perdió su herencia a favor de su hermano Jacob cuando se la vendió por un plato de lentejas. De ahí que Israel se considerase con derecho sobre esos pueblos y, en particular, sobre los árabes.

SACRIFICIOS HUMANOS

Israel fue un pueblo que siempre estuvo dominado por otros imperios más fuertes: por dos veces se vieron esclavizados; primero, en Egipto y, después, en Babilonia. Es, por tanto, un pueblo de cultura mestiza en el que se reunieron caracteres y lenguas distintas, con influencias persas, griegas y romanas.

Quizá por las peculiaridades de su religión en el campo ético, el pueblo de Israel mostró en su tiempo exigencias superiores a las de las culturas que lo rodeaban. Así, rechazaban los sacrificios humanos e instituyeron instrumentos para la distribución de la renta, como los jubileos, en los que había que perdonar las deudas contraídas y se perdían ciertos derechos de propiedad. Conviene precisar que se trataba de leyes comerciales, por supuesto, arbitrarias. En Lev. 25, dice Yahvéh a Moisés, entre otras cosas: «En todo el territorio de vuestra propiedad otorgaréis a la tierra el derecho de rescate. Si tu hermano empobrece y vende parte de su propiedad, se presentará su rescatador, el pariente más cercano, y rescatará lo vendido por su hermano. Si el hombre no tiene quien le rescate, pero llega a procurarse lo suficiente para ello, calculará los años desde la venta, devolverá al comprador según el tiempo que falta y recobrará su propiedad. Si su haber no alcanza a lo necesario para esta devolución, lo vendido quedará en poder del comprador hasta el año jubilar; pero en el jubileo quedará libre, y el vendedor recobrará la propiedad».

Como se puede leer en el libro de los Proverbios, existía ya entonces entre los judíos toda una legislación para proteger a los pobres y desprotegidos, para defenderlos en la práctica judicial, etcétera. Moisés llegó a exclamar: «¿Qué otra nación posee leyes y preceptos tan justos como las leyes que yo os entrego hoy?» (Dt. 4, 8).

Capítulo VIII

Israelitas, judíos y hebreos *La diferencia*

Suele decirse que la Biblia es la historia de Israel y de su alianza con Dios, que liberó a aquel pueblo de la esclavitud en Egipto y les prometió una tierra fértil. Pero ¿quiénes eran los israelitas? ¿Y los judíos? Cuando la Biblia se refiere a ellos, ¿habla de un solo pueblo o etnia? ¿Y los hebreos? ¿Son diferentes de los judíos y de los israelitas? ¿Quién es en realidad el verdadero pueblo judío y qué se dice de él en la Biblia? Son preguntas que podrían parecer obvias, pero que no lo son. Las respuestas no son evidentes ni siquiera para los especialistas en la materia, porque en la Biblia las cosas no siempre son claras al respecto.

En muchas ocasiones, en el lenguaje común, suelen homologarse los términos «judío» y «hebreo», pero también «israelita», aunque a veces —incluso en los periódicos— se confunde a los israelitas con los israelíes, que son algo bien diferente. «Israelí» es el ciudadano del actual estado de Israel, como «español» es el ciudadano del estado de España. «Israelita» es la persona o la cosa perteneciente al pueblo semítico de Israel, que conquistó y habitó la antigua Palestina (DRAE). En la Biblia, las cosas son más complicadas. La voz «Israel», que podría significar en hebreo "Dios lucha, Dios es fuerte", es el nombre que, según el Génesis, Dios da al patriarca Jacob, padre de los doce hijos que darían origen a las famosas doce tribus, de las que se formaría el pueblo judío: Rubén, Simeón, Leví, Judá, Isacar, Zabulón, José, Benjamín, Dan, Neftalí, Gad y Aser. (Esta nómina se corresponde con la tradición bíblica. Actualmente se utiliza la voz «benjamín» para designar al me-

81

nor de un grupo: se debe a que Benjamín era el menor de los hijos que Jacob tuvo con su primera esposa, Lía).

«De ahora en adelante», le dice Dios a su siervo, «ya no te llamaré Jacob, sino Israel, pues luchaste con Dios y con los hombres y venciste». (Gén. 32, 28). Jacob emigró con su familia a Egipto, donde sus doce hijos acabarían creando una comunidad formada por doce tribus. Es el tiempo en que se desarrolla la famosa historia de José, uno de los hijos de Jacob, vendido por sus hermanos a un egipcio. José logró el favor del faraón por su habilidad en la interpretación de los sueños. En vez de vengarse de sus hermanos, José les ayudó en los años de las vacas flacas o del hambre. (El faraón soñó con siete vacas gordas y hermosas que pastaban en las orillas del Nilo; y vio que llegaron otras siete vacas, flacas y «feas de aspecto», que se comieron a las reses gordas. José interpretó que se avecinaban siete años de gran prosperidad y, después, siete años de gran escasez, en los que se consumirían todas las provisiones que se habían acumulado. Por esta razón, los tiempos de miseria se llaman también «de vacas flacas»).

Fueron esas doce tribus o familias las que abandonaron la esclavitud en Egipto. Al frente de las doce tribus iba Moisés. Tras cuarenta años de penalidades en el desierto, de rebeldías y de milagros de Dios para demostrarles su fuerza, llegaron a la tierra de Canaán conducidos por Josué, que había sucedido en el liderazgo a Moisés. Por esta razón, se llama «travesía del desierto» a un periodo en el que se sufren grandes penalidades hasta lograr un objetivo.

Canaán debía ser la tierra prometida por Yahvéh y el territorio que las tribus se repartirían. Aunque, tratándose de un pueblo sin rey, todos acabaron bajo el dominio y la opresión de otros pueblos allí radicados.

ISRAEL, EL NOMBRE SAGRADO

Por lo tanto, el nombre de Israel, en su origen, más que un nombre étnico, fue un nombre sagrado, el nombre de la alianza, el nombre del pueblo a quien se le harán las promesas proféticas. Y era también el nombre que agrupaba a las doce tribus: las «doce tribus de Israel», es decir, las familias de los doce hijos de Jacob. Pero ¿fueron realmente doce? No existe certeza entre los biblistas. En algunos lugares de la Biblia aparecen como once. En todo caso, cada una de aquellas familias acabó ocupando un territorio bajo el primer rey de Israel, Saúl, a quien siguieron en el trono David y, después, su hijo Salomón, que levantó el primer Templo en Jerusalén.

Pero la armonía entre las doce tribus duró poco. A la muerte de Salomón, la monarquía se rompió dividiéndose en dos reinos enemigos. Fue el primer cisma de Israel. Uno ocupaba el norte y comprendía diez de las doce tribus. Se consideraban los restauradores del antiguo reino de Israel, anterior a David. Los profetas lo consideraban un reino rebelde y apóstata.

El reino del sur estaba formado por las tribus de Judá y Benjamín, que se habían fortalecido gracias a las influencias y favores del rey David, de la tribu de Judá, nacido en Belén.

Los profetas comenzaron a ser sensibles a aquel cisma que, de alguna forma, ofendía a la alianza de Dios con Israel y comenzaron a distinguir a Judá de Israel. Durante doscientos años, ambos reinos gozaron de periodos de paz y sufrieron periodos de guerra, hasta que ambos acabaron subyugados por dos imperios poderosos: Asiria y Babilonia.

Aún subyugados y dominados por los otros pueblos, los profetas de Israel mantuvieron la esperanza de una futura reconciliación y reunificación del antiguo reino de Israel, que comprendía la hermandad de las doce tribus. El sueño era poder volver a la edad de oro de los reinos de David y Salomón.

La Biblia utiliza la voz «Israel» para referirse a realidades bien distintas: es Israel el nombre que Yahvéh dio a Jacob; es Israel el grupo de las doce tribus y el reino que instauraron tras su exilio; es Israel la monarquía de Saúl, de David y de Salomón; es Israel el nombre de los reinos del norte —frente a los del sur, judaicos, por la preponderancia de la tribu de Judá—; y es Israel el pueblo imaginado y futuro que los profetas esperaban: una nación restaurada y unida, fiel a la promesa de alianza con Dios.

Las misteriosas tribus de Israel

Lo que se ha relatado es lo que aparece en la Biblia. Pero, históricamente, las cosas podrían haber sido diferentes. Hay quien pone en tela de juicio, incluso, toda la historia bíblica del nacimiento de Israel. Los especialistas más moderados están convencidos de que no existe certeza sobre la verdadera historia de las doce tribus o familias que constituyeron los reinos de Israel y de Judá. Ni se sabe si eran doce o menos, o más.

Al parecer, la llamada tribu de Israel podía haber sido la formada por la tribu de Efraín. Lo que sí parece cierto es que aquella división en dos reinos no hizo más que debilitar a ambos. Quizá nunca conoceremos la verdadera historia de luchas y enfrentamientos de aquellas tribus entre sí, porque no existen prácticamente fuentes históricas, exceptuando las bíblicas. Sabemos que existía el nombre de Israel sólo por dos inscripciones egipcias, y en ellas queda sentado que Israel era enemigo de Egipto.

El drama verdadero de Israel y de las doce tribus tuvo lugar con el exilio de los judíos a Babilonia. Una parte se quedó en Palestina, pero el resto fue obligado a exiliarse en una tierra que, tradicionalmente, se consideraba la tierra de Satán, en contraposición a Jerusalén, la ciudad de Dios. En el exilio, sin embargo, los israelitas mantuvieron su cultura y su religión. Les unía la fidelidad a las viejas normas dictadas por Yahvéh. Y así, cuando Ciro, el rey persa, en 538 a.C. derrota a los babilonios y permite el regreso de los judíos a su tierra, éstos toman una decisión inmediata: reedificar el destruido Templo de Jerusalén, símbolo de su identidad religiosa no perdida. Pero no fue fácil.

Los judíos que no habían vivido el exilio no veían con buenos ojos a los recién llegados, impregnados, a pesar de todo, de otra cultura. Los exiliados se consideraban como «el resto de Israel». En realidad, Israel, después del exilio, ya no es como antes. Las diez tribus del Norte, o reino de Israel, habían perdido su función social y política, como afirma Johan Konings. El nuevo Israel estaba ahora casi exclusivamente formado por el reino de Judá. Es la fase del llamado «judaísmo».

El exilio había sido, desde luego, dramático, pero también tuvo sus ventajas. Gracias a él, una parte del pueblo de Israel, el de la antigua alianza, se universalizó. Muchos de los miembros de las clases altas del reino de Judá fueron obligados a establecerse en Mesopotamia. Otros, entre ellos el profeta Jeremías, emigraron a Egipto. Aquello fue el inicio de la llamada «diáspora judía» por todo el mundo, que sigue vigente en la actualidad. A partir de entonces, el judaísmo ya no se limitó a un territorio sino que su religión y sus costumbres se esparcieron por otros lugares, lejos de Palestina. Y el nombre «judío» comienza a ser, de alguna forma, sinónimo de «israelita», aunque más unido a la condición del seguidor de las Leyes de Moisés, es decir, con connotaciones religiosas.

ESCLAVOS Y SUPERVIVIENTES

La voz «judío» tiene su origen, como se ha dicho, en la tribu de Judá. La primera vez que aparece en la Biblia se refiere a los ciudadanos del reino de Judá. Deriva del término hebreo «yehudi» (el femenino es «yehudit», de ahí el nombre de Judit, la mujer judía por antonomasia, la heroína de la Biblia). Pero el término «judío» comienza a generalizarse después de la diáspora y se aplica a los descendientes del grupo étnico descendiente de la tribu de Judá, pero también, en un sentido más amplio, se convierte en sinónimo de «israelita». Los judíos que volvieron del exilio de Babilonia se asentaron en la provincia persa de Yehud, que acabó siendo la provincia romana llamada Judea, suprimida después de la muerte de Jesús.

A pesar de que el término «judío» puede ser considerado sinónimo de «israelita», es decir, descendiente de aquellas tribus nómadas formadas por los hijos de Jacob a quien Dios bautizó con el nombre de Israel, ese nombre fue adquiriendo progresivamente características especiales y, en la actualidad, hace referencia a distintos rasgos étnicos, políticos, económicos o religiosos de ciertos grupos.

Existen diferentes formas de interpretar lo que significa ser judío y a quién se puede considerar judío. Se puede decir que, hasta la tragedia del Holocausto, según la tradición judía, era judío todo individuo nacido de una mujer judía o que se había convertido al judaísmo. Pero el hecho de que a los campos de concentración fueron llevados no pocos que eran simples descendientes de judíos y que no lo eran según la vieja tradición judía suscitó nuevas interrogaciones.

Últimamente, según Carl S. Ehrlich, el movimiento americano de la Reforma Judaica intentó redefinir el término «judío», para incluir en él no sólo a los hijos nacidos de madre judía y los convertidos, sino también «cualquier persona de descendencia judía, sea por parte de madre o de padre, con tal que practique el judaísmo y se identifique a sí mismo como judío». Se trata, pues, de una cuestión aún en discusión entre los mismos judíos.

¿Y quiénes son los hebreos? Otra cuestión compleja. La palabra se usa treinta y tres veces en la Biblia judía, en apenas cuatro textos que describen el periodo que sigue al reino davídico. No se conoce el origen de la palabra «hebreo». Algunos, como Douglas A. Knight, piensan que puede proceder del verbo *abar*, que significa "atravesar" o "ir más allá". De ahí el que el término «Abraham, el hebreo», aparece en la traducción griega de los Setenta cómo «Abraham, aquel que atraviesa». Lo que sí es cierto es que, en la Biblia, cada vez que se le llama a alguien «hebreo» es para diferenciarlo de los pueblos vecinos, una especie de «extranjero en un país que no es el suyo de origen». En Jeremías, los hebreos aparecen como hermanos de los israelitas, pero, antes del periodo de la esclavitud, no aparece este nombre, ni como referido a un pueblo ni a una creencia religiosa.

El origen étnico y sociopolítico, pues, de los hebreos sigue siendo controvertido. Hay quien piensa que fueron una especie de pro israelitas que formaban un conglomerado de varios pueblos semitas. Generalmente, los hebreos, para sobrevivir, se hacían contratar como mercenarios o se vendían a sí mismos como esclavos.

A medida que los textos se acercan a los tiempos de Jesús de Nazaret, el término «hebreo» va adquiriendo una connotación más cercana a la religión, al tiempo que se usa para designar a los habitantes de Palestina, sobre todo, a los de lengua hebrea o aramea. Actualmente, suele utilizarse la palabra «hebreo» en relación con la lengua. Así, cuando se habla de la Biblia hebrea, se hace referencia a los textos sagrados originales redactados en lengua hebrea o aramea.

CAPÍTULO IX

Lo que la Biblia no es

En cierta ocasión, un amigo agnóstico me pidió que le explicara «lo que no es la Biblia». Me pareció interesante, porque, hasta entonces, solían preguntarme «qué es la Biblia». Pero entendí la curiosidad de mi amigo, porque debe de resultar difícil comprender que la Biblia pueda ser una gran obra literaria, un monumento de la cultura, un gran libro de mitos e historias de la antigua Mesopotamia y del primitivo mundo semítico, y, al mismo tiempo, ser el texto esencial en todas las misas católicas del mundo, en todas las funciones religiosas protestantes y ortodoxas, una especie de talismán religioso de muchos soldados en el frente y el libro sobre el que se jura decir la verdad en los tribunales de justicia. Además, también se utiliza como libro de meditación y de plegaria.

Sin embargo, la Biblia no es un libro de oraciones, ni un manual de teología, y, menos aún, un código moral. Ni puede decirse que sea siempre un manual de historias piadosas y edificantes, porque muchas de sus historias son más bien picantes, eróticas, poco recomendables, expresión a veces de violencia y de pecado. Todo ello, porque la Biblia narra, simplemente, entre mitos y realidad, la historia de miles de años de un pueblo real, de carne y hueso, el pueblo de Israel, con todas sus luces y sombras, sus incredulidades y su fe, sus tropiezos y sus aciertos. Narra la historia de hombres, mujeres y niños con todas sus miserias y grandezas, sin sublimarlas, aunque a veces hayan podido ser mitificadas. Desde luego, la Biblia no es un libro de personajes santos y edificantes, como los libros de santos católicos. No siempre sus personajes son heroicos. A veces aparecen descritos con todas sus bajezas y crueldades, sus ambigüedades y sus tentaciones, avaros de poder y de sexo, como el rey David, sin ir más lejos. O como Adán y Eva, o como Caín y Abel, o como Noé, borracho y desnudo ante sus hijos, que se burlan de él. O los hijos de Jacob, que vendieron por envidia a su hermano menor, José, a los egipcios, condenándolo a la esclavitud.

Y en cuanto al tema de la sexualidad en la Biblia, como ya explicamos, los autores judíos no la subliman ni la esconden. Todos los secretos del sexo aparecen en ella con increíble realismo, con todo lo que encierra de sublime y de inocente, y también de tragedia y miedo. Y si, en general, se trata de una visión machista del sexo, la mujer aparece siempre presente, protagonista indispensable y amenazadora por la fuerza de su seducción.

Ni consejos ni recetas piadosas

La Biblia no proporciona consejos ni recetas piadosas. Es un libro con páginas de enorme ternura, de cánticos al amor y al amor más puro, pero es un libro duro y realista, profundo conocedor de los abismos más oscuros de la condición humana. Es, en el fondo, un gran material psicoanalítico, más que religioso y, de hecho, sus páginas llevan años siendo analizadas a la luz de las enseñanzas de Freud, Jung o Lacan.

La Biblia es expresión de la fe monoteísta del pueblo judío y, por tanto, es un libro religioso. Pero, al tiempo, es el libro más laico que se pueda concebir y creyentes y agnósticos pueden leerlo con interés y placer. Porque es un libro sin velos, sin condicionamientos, una confesión pública de un pueblo que se siente a la vez escogido y perseguido por Dios, privilegiado y castigado, con grandes promesas divinas sobre las espaldas, y a la vez esclavizado y dominado por todos los demás pueblos superiores a él en fuerza militar.

Pero no es la historia de un pueblo cualquiera que busca su espacio en la tierra. Es un pueblo con unas características emblemáticas, amado y odiado al mismo tiempo, un pueblo que no esconde que se siente privilegiado por ser el pueblo escogido por Dios —lo que le ha acarreado no pocas envidias—, al mismo tiempo que es difícil no reconocer que ha sido un pueblo perseguido hasta límites inverosímiles. Es el pueblo del Holocausto, el pueblo errante sin patria propia, terrible paradoja para quien había recibido la promesa de que acabaría conquistando la Tierra. Los cristianos, herederos de la fe de un judío, acabaron anatematizando al pueblo judío como «asesino de Cristo». Al mismo tiempo, los palestinos no pueden dejar de advertir que los que ayer fueron hermanos de sangre y de raza hoy se portan con ellos como los nuevos caínes, olvidando las persecuciones que sufrieron.

Todo este mundo de conflictos terrenos y religiosos, de grandezas y miserias, que son un espejo del microcosmos individual y personal, es lo que respira en la Biblia, lo que en ella se puede leer claramente o entre líneas.

ACTUALIDAD DEL UNIVERSO BÍBLICO

El último párrafo permite plantear otras preguntas relevantes: ¿por qué la Biblia, un libro tan antiguo, del que ni conocemos los manuscritos originales, cuya lectura podría parecer arcaica, resulta tan actual para el hombre moderno? ¿Por qué resulta tan útil y se cita constantemente en todos los campos del saber? ¿Por qué todas las ciencias modernas y del comportamiento, desde la psicología a la sociología, pasando por la política, se interesan por los textos bíblicos?

La vigencia de los textos bíblicos es uno de los elementos más relevantes e interesantes en el análisis de las Escrituras. La experiencia personal que se narra a continuación puede ser un ejemplo en este sentido: con motivo de la enorme trascendencia que supuso la victoria electoral de Luiz Inácio *Lula* da Silva en Brasil (2003), hube de trasladarme a Brasilia para entrevistar a una de las ministras del nuevo gobierno. Marina Silva, titular de Medio Ambiente, es una mestiza que fue alfabetizada a los 16 años. Siendo niña, no pudo estudiar porque tenía que ayudar a su padre a extraer caucho de los árboles de la selva para poder sobrevivir. De la mano del sindicato, había llegado primero a la universidad y, después, a la política. Había llegado a ser senadora y gozaba de cierta fama por su lucha contra las corruptelas políticas: era una especie de Savonarola en la crítica contra los crímenes perpetrados contra el medio ambiente: Brasil posee el 20 por ciento del agua potable del mundo y cuenta con uno de los ya escasos pulmones del planeta, la selva amazónica, pero las actividades industriales y comerciales —propias y extranjeras— están polucionando sus ríos y arrasando bosques milenarios e insustituibles. A la vista de su tenaz lucha, Lula nombró a Silva ministra de Medio Ambiente.

Durante nuestra entrevista, Marina señaló algunos aspectos relevantes de la cultura indígena: por ejemplo, que los mejores defensores de la selva y de los ríos fueron los mitos arraigados entre los indios amazónicos. Una de las leyendas aseguraba que los dioses castigaban al que pescara más de lo que necesitaba para comer él y su familia. Y todos los miembros de la tribu respetaban este pacto o tabú, evitando así la especulación ambiental.

Le pregunté si no existía incompatibilidad entre política y fe, entre política y ética. Su respuesta fue negativa. Y me explicó: «Fue la Biblia la que, siendo aún muy joven, me enseñó un camino importante en mi vida política. Leí que el patriarca Abraham, a sus cien años, tuvo el coraje de plantar un bosque cuyos árboles él ya no vería crecer». Y añadió: «Es una gran lección para los políticos que se niegan a proyectar más allá de sus intereses partidarios o de los posibles resultados electorales. No piensan en legislar con la mirada puesta en las generaciones futuras, ni siquiera en sus nietos. Son prisioneros del presente». Marina Silva decía que aquel episodio bíblico debería ser estudiado por los políticos para que fuesen capaces de mirar más allá de su corta visión egoísta de la política.

CARTA ABIERTA AL MUNDO

La Biblia es actual porque todo lo que se narra en ella, aunque remita a tiempos tan lejanos, está fuertemente enraizado en las pulsiones vitales elementales, en la esencia de la vida de la comunidad y del individuo. Es como una carta abierta al mundo, en todos los tiempos; una carta escrita por un pueblo que ha vivido en sus carnes todas las contradicciones, las pesadillas, las esperanzas, los pecados y las gestas de las que puede ser capaz el ser humano, tan sublime y tan miserable a la vez.

La Biblia no tiene respuestas, pero sí plantea todas las preguntas y las dudas que la humanidad se viene haciendo desde que tiene uso de razón. Son las mismas preguntas que se hace hoy el hombre moderno, también él a vueltas con los enigmas sin descifrar de la existencia.

La Biblia se ofrece como un entramado de cruda realidad, de misterio y de religiosidad, mezcla de lo humano y lo divino, continua reflexión sobre los grandes temas de la existencia: la vida y la muerte, la violencia y el sexo, el placer, el dolor y el destino. Es ese tormento del pueblo judío lo que está expresado literariamente en la Biblia, con la lucha continua entre el hombre y Dios, entre la criatura que camina a tropezones pisando el mal por doquier y el Dios que aseguraba que todo lo creado era bueno.

Estas dudas y contradicciones permiten que, en la actualidad, la Biblia se entienda como algo vivo: el lector se siente inmerso en ella, interrogado por un pasado que sigue siendo peligrosamente presente. Porque todos, creyentes o no, de una forma u otra, en los momentos cruciales, nos hacemos las preguntas de la Biblia. Nos preguntamos cómo pueden convivir, codo con codo, en la sociedad y dentro de nosotros mismos, tanta maldad y tanta bondad, tanto idealismo y tanta bajeza, tanta violencia y tantas ansias de paz. Nos preguntamos cómo puede existir un dios capaz de ser cruel con los niños y con los desvalidos, con los inocentes y los perseguidos y cómo puede permitir el triunfo de los perversos. Los creyentes se preguntan para qué sirve un dios que los abandona en la oscuridad, que no les escucha en los momentos difíciles. Y los agnósticos se preguntan, a su vez, si no sería interesante que existiera algún dios capaz de hacer justicia en un mundo dominado por los violentos y los explotadores. Todo ello está presente en la Biblia. A veces, en páginas muy nítidas que ponen al desnudo la conciencia; a veces, con sentidos escondidos; a veces, con enigmas que hacen pensar en los misterios que puede encerrar.

Las ofrendas de Caín

Una de las narraciones más conocidas de la Biblia es la que se refiere a las andanzas de Caín y Abel. Es también el relato del primer crimen de la humanidad, el primer fratricidio. Es un episodio con mil sombras. La historia es la siguiente: Adán y Eva acaban de ser expulsados por Yahvéh del Paraíso, en castigo por su pecado de soberbia. Habían querido ser como Dios. Adán y Eva tuvieron dos hijos: Caín y Abel. Dice el texto bíblico: «Abel fue pastor y Caín, agricultor. Pasado algún tiempo, Caín presentó al Señor una ofrenda de los frutos de la tierra. También Abel le ofreció las primicias más selectas de su rebaño. El Señor miró complacido a Abel y su ofrenda, pero vio con desagrado a Caín y su ofrenda. Caín, entonces, se encolerizó y su rostro se descompuso» (Gén. 4, 2 y sig.). Dios pregunta a Caín por qué se encoleriza. Caín no acepta la preferencia de Dios sobre su hermano y le asesina con la quijada de un asno. Y Dios le condena a vivir errante y vagabundo, ya que sus tierras no volverán a dar fruto.

Se trata de un texto pequeño, aparentemente simple: un hermano mata a otro por envidia. Sin embargo, esta narración puede plantear miles de preguntas. Las ha planteado a lo largo de los siglos. Se han escrito infinitos comentarios sobre el texto, pero nadie tiene la clave de su misterio. Por lo pronto, ¿por qué a Dios le agrada la ofrenda de Abel y no la de Caín, si los dos le han entregado lo mejor que tenían, el uno, de su huerta, y el otro, de su rebaño? ¿Puede ser Dios tan caprichoso? ¿Puede ser tan caprichoso que le gusten más los cabritillos de Abel que los higos de Caín? ¿Es que Dios es carnívoro?

Nada en el texto bíblico sugiere una explicación acerca de la preferencia de Dios por la ofrenda de Abel. Ayer y hoy podríamos preguntarnos si Caín no tenía toda la razón del mundo, no para asesinar a su hermano, pero sí para estar airado con un Dios arbitrario y caprichoso que le reprocha, además, que esté enfadado y ande triste y cabizbajo: a Dios le agradaban las ofrendas de su hermano Abel, pero «veía con desagrado» las suyas, sin explicarle por qué.

¿No podía el texto haber sido más explícito? ¿Por qué quiso el autor del Génesis dejar abierta esa interrogación, ese misterio de un Dios caprichoso? Nunca lo sabremos, pero el hecho de que, aún hoy, después de miles de años, sigamos interrogándonos sobre esa página de la Biblia demuestra, al menos, su actualidad. En fin: ¿qué más actual que la envidia y la violencia que puede engendrar en el seno de los grupos humanos?

El tema del Dios incomprensible en sus decisiones y en sus actuaciones sigue vigente. ¿Por qué Dios cerró los ojos ante los hornos crematorios de los campos de concentración nazis? ¿Por qué los cierra actualmente ante el genocidio del pueblo palestino?

LA BIBLIA, UNA REFLEXIÓN PARA LOS PADRES DE AYER Y DE HOY

Ese texto de Caín y Abel también ha permitido muchas lecturas psicoanalíticas. La Biblia no dice nada, por ejemplo, del comportamiento de Adán y Eva con sus dos hijos, donde, quizá, esté la clave del misterio. ¿Cómo eran las relaciones de los padres con los dos hijos? ¿También ellos preferían a Abel? ¿Quizá Abel era más guapo, más dulce, más obediente, más sumiso? ¿No le habrían dicho alguna vez a Caín, quizá más inquieto, más rebelde: «Deberías aprender de tu hermano Abel»? ¿No habría ocurrido, en realidad, que a Adán y Eva les agradaba más el comportamiento de Abel que el de Caín? ¿La irritación de Caín no tendría su origen en el desprecio hacia él y en la preferencia gratuita de sus padres respecto a Abel? No lo sabremos nunca. Pero sí tenemos constancia de que esas actitudes siguieron vigentes siglo tras siglo, en todas las familias del mundo. Y sigue aconteciendo hoy hasta en los mejores hogares. El caprichoso, quizá, no es Dios, sino los padres, que se proyectan más en un hijo que en el otro, provocando frustraciones y malestar psíquico, envidias y rencores secretos, y exigiendo a veces de los hijos lo que nunca podrán dar. ¿Cómo Dios le pedía a Caín que no se irritase porque había preferido las ofrendas de su hermano? ¿Cómo no se iba a irritar? Por lo menos en nuestra lógica no parece normal que si Caín ofrecía, al igual que Abel, lo mejor que tenía para sacrificarlo a Dios éste no estuviera contento con él, como lo estaba con Abel.

El episodio del Génesis, que se remonta a la historia mítica de la creación del mundo, demuestra que la Biblia es más que un libro religioso y más que una simple novela o un libro de historia. Es, de algún modo, la pequeña o gran historia de cada uno de nosotros, con nuestras preguntas sin respuestas y nuestros misterios sin descifrar.

CAPÍTULO X

Los libros revelados

[nota manuscrita: Quien tomó la decisión?]

Una de las preguntas recurrentes sobre la Biblia hace referencia al carácter sagrado de los textos: ¿cuándo, quién y cómo se decidió que los escritos fueron revelados por Dios? Es evidente que la revelación divina los convierte en un libro inspirado y sagrado. El tema es complejo y suele dividir a los expertos. Por lo pronto, entre los judíos y en las iglesias cristianas —tanto la católica como la protestante—, la llamada «revelación», no se entiende como si Dios hubiese dictado sus textos a los autores de la Biblia, a diferencia, por ejemplo, del islamismo. Los musulmanes sí defienden que el Corán, que es su Biblia, fue dictado palabra por palabra por Alá a su profeta Mahoma. Por eso no se puede modificar ni corregir ni una coma del texto.

El concepto de revelación y de inspiración con respecto a la Biblia judía y a la católica es más amplio. Ni siquiera los rabinos o los teólogos católicos más conservadores son hoy capaces de imaginarse a Dios sentado en una nube dictando a los autores de la Biblia sus textos. Los autores eran hombres que escribían sin saber si estaban inspirados o no. Sólo en algunos casos —los profetas, por ejemplo— afirmaban que escribían bajo cierto influjo divino, pero ni aun en esos casos admitieron nunca recibir sus palabras al dictado de ningún Dios.

Entonces, cabe preguntarse: ¿cómo se sabe que dichos escritos fueron revelados y otros semejantes, de la misma época y con las mismas características, no lo fueron? ¿Quién decidió que tales libros estaban inspirados por Dios y por qué se desestimaron otros textos? ¿Cuándo sucedió? Se trata de la espinosa cuestión del «canon» o lista oficial de los libros que se consideran revelados por Dios.

✳Dicha decisión, en verdad, no siempre fue pacífica, sobre todo por lo que se refiere a algunos libros concretos. Un ejemplo es el Cantar de los Cantares, atribuido al rey David para darle mayor peso, pero probablemente escrito por una mujer —es la joven quien goza del protagonismo en el libro—. Los contrarios a considerar el Cantar como revelación divina se preguntaban cómo podía el Dios de Israel, cuyo concepto de sexualidad estaba estrictamente ligado a la reproducción y en el que la maternidad era fundamental, inspirar un libro en el que se cantaba el simple amor humano y en el que los amantes hacían grandes elogios de sus propios cuerpos.)

✳El mismo problema existió con una serie de libros que los judíos no incluyeron en el canon definitivo, considerando que, cuando fueron escritos, ya había finalizado la revelación bíblica. Son los llamados libros apócrifos. Libros que, sin embargo, la Biblia católica —no la protestante— admitió como revelados. Son los de Baruc, Tobías, Judit, Sabiduría, Eclesiástico, los dos libros de los Macabeos, buena parte del libro de Ester y algunos fragmentos del libro de Daniel. La Iglesia, para no llamarlos apócrifos, los llama «deuterocánicos». Dichos libros nunca aparecen citados por los historiadores judíos como Flavio Josefo, que consideraba la Biblia como «enseñanza de Dios». Tampoco el escritor alejandrino Filón, que cita casi toda la Biblia, habla de los apócrifos. Ni Jesús de Nazaret, que recuerda cientos de pasajes de la Biblia y, sin embargo, no cita ni una sola vez los libros que los judíos no consideraban revelados.)

✳ El canon judío quedó definitivamente fijado, tras muchas polémicas, en el año 90 d.C. en Jãmnia, en Israel, en un concilio de rabinos bajo la presidencia de Johanan Ben Zakai. La reunión tuvo lugar en esa ciudad porque era la sede del sanedrín —el tribunal supremo de los judíos— tras la destrucción de Jerusalén. En verdad, se trataba sólo de ratificar algo que estaba ya en la memoria de los judíos. Pero, aun así, hubo discrepancias en la aprobación de algunos libros.)

LOS OBISPOS QUE SE PELEABAN TIRÁNDOSE DE LAS BARBAS

Los apócrifos de la Biblia judía fueron aprobados y considerados inspirados por la Iglesia católica, que los incluyó en su Biblia, hecho que tuvo lugar el día 8 de abril de 1546. Pero la decisión no fue sencilla. Tal y como cuenta el cardenal Pallavicini en su obra *Historia eclesiástica*, de los 49 obispos presentes, 40 llegaron a las manos y «se tiraban de las barbas» en el fragor de la discusión.

Esas escenas de obispos y cardenales «tirándose de las barbas», perdiendo los estribos, podrían impresionar a los lectores poco habituados a las cosas eclesiásticas. Pero la historia de la Iglesia y de sus obispos y papas está llena de grandezas y de miserias. Pocos podrían imaginarse, por ejemplo, cómo transcurrió la tarde anterior a la muerte del papa Juan Pablo I —que había sido elegido sucesor de Pedro treinta días antes. Según el guardia suizo que, por norma, paseaba continuamente por el pasillo de las habitaciones papales, hubo una disputa tan acalorada entre el pontífice y los cardenales de la Curia Romana en el despacho de los palacios pontificios, que se podían oír de lejos los gritos y hasta los puñetazos que sus eminencias daban sobre la mesa del Papa.

Lo que ocurrió aquella tarde —según algunos, aquella disputa fue el origen del infarto que el papa Luciani sufrió durante la noche— quizá no lo sabremos nunca. Sabemos, eso sí, que los cardenales se pelearon con él porque les había propuesto algunos cambios que les agradaban poco. Juan Pablo I era un papa conservador en la doctrina, pero muy lúcido respecto al ejemplo que la Iglesia debía dar al mundo, especialmente en lo que atañe a la pobreza. Parece que, aquella tarde, el Papa les había sugerido a los cardenales abandonar los palacios vaticanos y permitir que alguna institución internacional se instalara allí. Su idea era trasladarse con sus asesores a un suburbio pobre de Roma para dar ejemplo al mundo. La idea no debió de agradar demasiado a sus subalternos, y es verdad que los gritos de los cardenales y los golpes sobre la mesa de trabajo del Papa se podían oír desde fuera. Los apuntes de aquella sesión turbulenta con los cardenales —y no el libro de oraciones de Kempis— era lo que tenía Juan Pablo I sobre su cama cuando le sorprendió el infarto. ¿Un disgusto? Estas noticias, publicadas al día siguiente por el diario *El País*, sólo quedaron confirmadas veinticinco años después; algunos asesores cercanos al Papa fallecido misteriosamente admitieron que tal discusión subida de tono sí se había producido.

La primera edición de la Biblia católica —con los apócrifos judíos y tras las conocidas disputas de los obispos— fue publicada en 1592, es decir, 46 años después de iniciada la reunión eclesiástica. Fue aprobada por el papa Clemente VIII. Dicha aprobación fue considerada, como escribe Antonio Gilberto, una intromisión de la Iglesia en los asuntos judaicos, ya que la Biblia judía llevaba ya siglos con su canon fijado definitivamente; además, se entendía que sólo a los judíos —y no a los católicos— les correspondía el derecho de decidir qué libros del Antiguo Testamento podían tenerse por revelados.

EL CANON

La palabra «canon», utilizada para definir la lista de los libros revelados, es una palabra grecolatina, derivada de la palabra semita *cana* (*kaneh*, en hebreo): vara delgada que, por ser fina y recta, podía servir para medir; de ahí que «canon» significara "vara de medir", una especie de metro de carpintero. En sentido figurado, se refiere a lo que sirve como norma, y su origen fue cristiano y no judío.

El canon del Antiguo Testamento, o Biblia judía, abarca las obras redactadas hasta los tiempos de Esdras, en el año 445 a.C., fecha en la que los judíos consideran concluida la revelación divina. Consta de 24 libros y, contrariamente a lo que sucede en la Biblia católica, aparecen juntos los dos libros de Samuel, Reyes, Crónicas, Esdras y Nehemías y los doce profetas menores.

También el orden de los libros es diferente en ambas biblias. En la judía, la más antigua, los 24 libros se dividen en tres grandes capítulos: la Ley (formado por los cinco libros del Pentateuco: Génesis, Éxodo, Levítico, Números y Deuteronomio); los Profetas (divididos en Profetas Anteriores: Josué, Jueces, Samuel y Reyes; los Profetas Posteriores: Jeremías, Ezequiel, y los doce Profetas Menores: Oseas, Joel, Amós, Abdías, Jonás, Miqueas, Nahúm Habacuc, Sofonías, Ageo, Zacarías y Malaquías). Y, por fin, los Escritos o Hagiográficos (divididos en Libros Poéticos: Salmos, Proverbios y Job; los Cinco Rollos: Cantar de los Cantares, Rut, Lamentaciones, Eclesiastés y Ester, y los Libros Históricos: Daniel, Esdras-Nehemías y Crónicas).

Los Cinco Rollos se llamaban así porque eran cinco pergaminos separados que se leían cada uno en una festividad judía diferente: el Cántico, en la Pascua, en alusión al Éxodo; Rut, en el inicio de la cosecha de los frutos; Ester, en la fiesta de Purim o conmemoración de la liberación de Israel de la mano de Hamá; el Eclesiastés, en la fiesta de los Tabernáculos o agradecimiento por la cosecha, y las Lamentaciones en el mes de Abibe, en recuerdo de la destrucción de Jerusalén por los babilonios. En el canon judío, los libros no están en orden cronológico. La división en 39 libros de la Biblia católica y el orden de los mismos se debe a la traducción Septuaginta.

En la Biblia hebrea, el primer libro es el Génesis y el último, Crónicas. En la católica, el primero es también el Génesis, pero el último es el del profeta Malaquías. La configuración del canon judío tuvo lugar en un largo espacio de más de mil años, es decir, desde Moisés a Esdras. Fue un trabajo gradual. Al principio, parte de los escritos de la Biblia existían sólo oralmente, como se puede deducir del libro de

101

Job (15, 18). El libro de Job se considera el más antiguo. De cualquier modo, todas las fechas sobre el Antiguo Testamento son siempre aproximadas y, por tanto, varían según las preferencias de los expertos.

EL MANUSCRITO DE JOSÍAS

El autor del Pentateuco —que ciertamente no fue Moisés o, al menos, no todo pudo escribirlo él, ya que allí se narra su propia muerte— debió de comenzar su redacción en el 1491 a.C. y probablemente le dio fin cuarenta años más tarde, en el 1451 a.C. Conviene recordar, como hacen John B. Gabel y Charles B. Wheeler, que durante muchos siglos la Biblia no existió para los judíos, aunque narre los orígenes del mundo y de la vida. Abraham y sus hijos no conocieron la Biblia, ni Moisés, ni los grandes reyes David y Salomón. Los judíos antiguos sólo contaban con algunos escritos muy heterogéneos. La primera colección de textos que, más tarde, formaron el conjunto de la Biblia contiene escritos que datan de unos mil años antes de Cristo, en la época monárquica de Israel. Algunos fragmentos e historias ya existían en la tradición oral y comprendían una especie de archivo histórico de la memoria.

Antes de que la Biblia llegase a constituirse como un todo definido e inmutable y adquiriese la consideración de libro divino, un cúmulo de acontecimientos y peripecias rodeó a los textos sagrados. La Biblia se fue construyendo a pedazos, en el orden que hoy está en la Biblia original hebrea: primero la Torá o Ley, después, los Profetas, y, por fin, los llamados Escritos o Libros Históricos. La primera fecha segura en la elaboración del canon es el año 622 a.C., cuando reinaba Josías, rey de Judá. La historia es real e interesante. Cien años antes, la fortaleza de Samaría caía bajo el poder de los asirios y, a partir de ese momento, el reino de Israel, instalado en el norte, dejaba prácticamente de existir. Sólo pervivía el reino de Judá, en el sur. Josías era un rey joven dispuesto a reconstruir la antigua fe de Israel. Hubo un paréntesis de prosperidad y paz antes de que el Templo de Jerusalén fuera destruido.

En ese periodo de tranquilidad el rey mandó restaurar el Templo de Jerusalén. Y fue durante esos trabajos cuando se descubrió, entre los antiguos escombros, un pergamino que parecía contener una parte de la antigua legislación del culto judío. Ante el rey, se leyó su contenido. Todos, y especialmente Josías, se vieron sorprendidos: si el hallazgo reproducía verdaderamente las leyes de sus antepasados, ello significaba que el pueblo judío se había alejado de sus creencias y que el reino de Judá necesitaba una auténtica reforma religiosa. La historia se narra en 2 Reyes 22 y 23. No sabemos hoy lo que de la Biblia estaba escrito en aquel rollo o pergamino y poco se sabe de cuándo fue escrito ni por quién. Se piensa que pudo ser escrito por algún refugiado del reino del norte hacia el 720 a.C. recogiendo materiales más antiguos o por algún sacerdote disidente que actuaba en la clandestinidad.

El Templo y el Libro

La historia del libro hallado durante las obras de reconstrucción del Templo revela un hecho curioso: es la demostración de que, en aquel tiempo, los sacerdotes del Templo no conocían la ley mosaica. De cualquier modo, aquel rollo, descubierto entre los escombros del Templo, fue la primera página de la futura Biblia y el primer material considerado canónico, o revelado por Dios. A partir de ahí, muy poco se sabe respecto a los métodos de elaboración del resto del canon.

Con motivo del exilio forzoso a Babilonia, se supone que algunos judíos llevaron escondidos parte de los escritos ya existentes y que consiguieron conservarlos sin que a los babilonios les interesase demasiado. Según algunos expertos, en aquel tiempo, cuatro siglos antes de Cristo, ya estaba escrita la Torá, los primeros cinco libros de la Biblia.

No parece fácil entender cómo se fueron añadiendo, más tarde, otros libros, pero es sabido que fueron necesarios varios siglos para completar el canon de los libros judíos. El hecho de contar con un cuerpo de textos sagrados tuvo su origen en la necesidad de los judíos de sobrevivir sin el Templo, que había sido destruido. Sintieron entonces la obligación de contar con otro templo, esta vez literario, que mantuviera intacta la historia y la fe del pueblo. Y, para ello, era necesario fijar un grupo de escritos que todos consideraran inspirados por Dios.

La necesidad de contar con una referencia legal y religiosa se hizo acuciante, e incluso fariseos y saduceos, siempre dispuestos a pelear por el motivo más nimio, acabaron poniéndose de acuerdo para evitar lo peor: perder el Templo y la Biblia. Uno de los libros más difíciles de aceptar como revelados, además del Cantar de los Cantares, fue el Eclesiastés; quizá fue aceptado sólo porque la tradición lo atribuía a la figura de Salomón.

Los judíos se pusieron de acuerdo sobre la composición oficial y definitiva de la Biblia casi un siglo después de la muerte de Jesús de Nazaret. La religión judía se convertía, así, en la «religión del Libro», dejando atrás su antiguo carácter de «religión del Templo». El judaísmo adquiría ahora solidez, poder y eternidad.

LOS LIBROS PERDIDOS

Queda por desentrañar un pequeño misterio: al parecer, existían otros libros bíblicos, perdidos, y así lo confirman algunos textos, como Números 21, 14 (donde se habla de una obra llamada «Libro de las guerras»); Crónicas 1, 27, 24 (que remite a un texto titulado «Las crónicas del rey David»); Crónicas 1, 29, 29 (que hace referencia a unas «Crónicas de Samuel»); Crónicas 2, 9, 29 (donde remite a un texto llamado «Crónicas de Natán»); Crónicas 2, 12, 15 (donde se alude a unas «Crónicas del profeta Semayá y del profeta Iddó»); Crónicas 2, 33,19 (a propósito de unos «Relatos de los videntes»); Josué, 10-13 (que remite a un desconocido «Libro del Justo»). ¿Dónde están esos libros? ¿Qué contaban? ¿Por qué se perdieron? ¿Fueron quizá destruidos? Los arqueólogos y los especialistas en los textos sagrados sueñan con excavaciones que revelen nuevos hallazgos.

CAPÍTULO XI

El Dios de la Biblia

Entre los cristianos hay no pocos que piensan que la imagen del Dios de la Biblia es muy diferente de la que se ofrece en el Nuevo Testamento, es decir, del Dios de Jesús de Nazaret. Según esta idea, el Dios de la Biblia es el Dios juez, severo, arbitrario, celoso, caprichoso y violento, y el Dios de Jesús es el Dios padre, misericordioso, compasivo y pacífico. No es así. En la Biblia o Antiguo Testamento, la imagen de Dios no es unívoca, sino polifacética. Tiene mil caras y es una imagen que fue evolucionando durante los mil años en los que se escribieron los textos sagrados. Es una mezcla de caracteres en un mismo personaje.

Sobre todo, es una especie de Dios pavoroso, ya que, como escribe muy bien Jack Miles en su *Biografía de Dios*, el verdadero Dios de la Biblia «no suele predicarse desde los púlpitos, porque, al analizarlo muy de cerca, se convierte en escandaloso»: no es un Dios cercano y supera los esquemas de los dioses creados a medida de los intereses humanos. El Dios bíblico, volcánico y pasional, es lo opuesto al Dios frío y burocrático del Derecho Canónico.

Es necesario recordar, en primer lugar, que de la Biblia nace la idea de un Dios único, que no acepta otros dioses. El monoteísmo es un hecho decisivo y aparece ya en el tiempo de los patriarcas, con Abraham; la unicidad de Dios se fue afianzando, sobre todo, después del exilio de Babilonia, donde los judíos tuvieron que convivir con una cultura cuajada de dioses y de templos.

Pero no es fácil saber cómo nace, ya en la época preisraelita, la idea del monoteísmo, especialmente cuando toda la cultura que circundaba al pueblo semita y al futuro pueblo judío era politeísta. Había dioses para todos los gustos y circunstancias, y apenas podía concebirse la idea de un Dios único, sin una diosa que le hiciera compañía, sin nombre y sin generación. Sin imagen y sin rostro. ¿Existía, por ejemplo, algún embrión de un dios único en Egipto? ¿O en el mundo semita? ¿De dónde tomó Abraham la idea de un solo dios? La Biblia, naturalmente, habla de una revelación divina, pero quienes leen la historia de la Biblia con ojos laicos piensan que tenía que existir, ya entonces, alguna idea de un Dios único y diferente de todos los demás. Y esa idea monoteísta, evolucionada, se convirtió en el Dios que los judíos acabarían transmitiendo a la humanidad y que, más tarde, haría suyo el cristianismo.

Aunque el Dios de la Biblia es único, actúa respecto a los hombres de modos diferentes, según los diversos nombres con los que se revela. Esta característica aparece ya en las primeras páginas del Génesis, donde conviven dos narraciones distintas de la Creación. En la primera, más solar y esencial, Dios aún no tiene nombre y en ella no aparecen ni castigos de Dios ni pecados de nuestros primeros padres. Todo es puro. En el segundo, donde Dios aparece ya con el nombre de Yahvéh, las cosas cambian. El clima es diferente. Es un Dios más severo que comienza a precisar sus prohibiciones y sus castigos.

La palabra más común para designar a Dios en la Biblia es *Elohim*, que es el plural de la antigua palabra semita que designaba a la divinidad. Es un plural, pero tiene el sentido de singular, aunque algunos especialistas piensan que podía referirse a que Dios aparece, en algunos textos, como en Reyes 1, acompañado de una especie de «consejo celeste». Pero tanto *Elohim*, al igual que *Dios*, más que nombre, es una suerte de título que indica la posición y no la identidad de la divinidad.

EL NOMBRE QUE NO SE DEBE PRONUNCIAR

La palabra más utilizada en la Biblia judía para designar a Dios es Yahvéh. Dios reveló su nombre a Moisés en el monte Sinaí, cuando le encargó sacar a su pueblo de la esclavitud de Israel (Éx. 3, 15: «Y siguió diciendo Dios a Moisés: Así hablarás a los hijos de Israel: Yahvéh, el Dios de vuestros padres, el Dios de Abraham, el Dios de Isaac y el Dios de Jacob, me ha enviado a vosotros. Éste es mi nombre para siempre; éste es mi título de generación en generación»). Era un nombre secreto y en él estaba concentrada toda la fuerza de la divinidad. Por eso, el nombre de Dios se utilizaba en las oraciones y se invocaba en las bendiciones y maldiciones. El nombre tenía ya la fuerza de Dios. Por eso, algunos autores bíblicos llegan a hablar de que el templo de Jerusalén era la morada del «nombre» de Yahvéh.

Este nombre, en hebreo, se escribía con cuatro consonantes —como se ha dicho, en hebreo no había vocales—. Las consonantes eran *yhwh*. Pero el nombre Yahvéh, aunque era una palabra hebrea más, fue objeto de un tabú, como explican Gabel y Wheeler, ya que podía ser escrito, pero no pronunciado, y aunque aparece 6 800 veces en la Biblia, durante el judaísmo, el nombre de Yahvéh fue considerado sagrado, y existían normas severas para evitar que dicho nombre fuera pronunciado.

El lector se preguntará cómo resolvían los judíos, por ejemplo, la lectura de la Biblia en voz alta. Muy sencillo: lo sustituían por un título neutro: *adonai*, que significaba «mi señor»; tal fue, por cierto, el nombre más utilizado en las Biblias cristianas. En las traducciones griegas o latinas, el nombre de Yahvéh se traduce por *Kirios* y *Dominus*. Y ocurre que «señor» es un título y no un nombre, aunque se escriba con mayúscula. No es, en realidad, el nombre originario bíblico de Dios. Sólo en el Nuevo Testamento, a las palabras griegas *Kirios* o *Theus* y a la latina *Dominus* se les acabó dando la fuerza de la divinidad.

Si los judíos no pronunciaban la palabra formada por las cuatro consonantes *yhwh*, ¿de dónde surgió la voz «Yahvéh»? En realidad, se trata de una palabra imposible, pues para los judíos *yhwh* no tenía sonido, ya que no la pronunciaban. Cuando, en la Edad Media, se decidió colocar vocales en los textos hebreos, para poder leerlos mejor, la palabra *yhwh* quedó sin vocales, pero se decidió añadir las vocales de *adonai*, creando así la palabra híbrida de Jehovah o Yahvéh o Yahvé o Javé o Iahweh. Se trata en verdad de una especie de rompecabezas, todo ello para evitar que los judios pronunciasen el nombre de Dios.

Todo ello da a entender la importancia que para los judíos de la Biblia tenía el nombre de Dios revelado a Moisés: el nombre que nunca pronunciaban. Más aún: no sabían ni cómo se pronunciaba. De ahí, tal vez, la importancia que la Biblia concede a los nombres de las cosas y de las personas. Es como si, para los judíos, las palabras realizaran en la vida lo que significaban. Cada nombre era como un programa de futuro. Y de ahí, quizá, surgieron más tarde, en el cristianismo, los sacramentos, que no son otra cosa que algunas palabras «Yo te bautizo»; «Yo te perdono», «Éste es mi cuerpo», etcétera, donde las palabras realizan lo que significan.

EL DIOS DE LAS PASIONES, LAS DEBILIDADES Y LAS GRANDEZAS DEL HOMBRE

Pero ¿cómo es este nuevo Dios? ¿Tan diferente se muestra respecto al resto de las divinidades? Sin duda, la idea de un Dios único, sin imagen y con nombre impronunciable, no fue fácil de digerir al principio. Lo demuestran los mismos escritos de la Biblia. El patriarca Jacob, a quien se le había revelado este Dios único y a quien le había prometido que sus doce hijos serían el principio de las doce tribus de Israel y origen del pueblo elegido, tiene que obligar a sus mujeres e hijos, en un determinado momento, a despojarse de las imágenes de los dioses que aún conservaban escondidas en sus tiendas y que se llevaban en sus hatillos cuando viajaban.

Y más tarde, cuando Moisés libera a su pueblo de la esclavitud de los faraones egipcios y su Dios Yahvéh los salva de sus ejércitos —para su pueblo abrió las aguas del mar y las cerró nuevamente para destruir a sus perseguidores—, el caudillo judío tiene que luchar con sus gentes, que se resistían a aceptar sólo a su Dios invisible y habían forjado un becerro de oro al que adorar. Aún no se habían liberado del todo de la tentación del paganismo.

Tuvieron que acostumbrarse poco a poco a aquella nueva imagen de Dios: tan diferente, impalpable y misterioso que se revelaba a los patriarcas y profetas de mil formas: en una zarza ardiendo, como a Abraham; en sueños, como a Jacob; a través de misteriosos mensajeros o a través de mensajes a sus profetas.

Es un Dios que ofrece alianzas, que promete tierras y tiempos mejores, que hace prodigios, que salva y perdona. Pero es también un Dios que castiga, que se irrita, que se venga, que destruye lo que Él mismo ha creado, que se arrepiente de haber sido bueno, que grita y amenaza: un Dios aterrador. Es un Dios que aparece a veces imprevisible, arbitrario, celoso, impulsivo, violento y caprichoso. Pero es también un Dios con entrañas de madre, como en Isaías 49, 15-16, cuando Dios se define a sí mismo, diciendo:

> ¿Puede acaso una mujer
> olvidarse del niño que cría,
> no tener compasión del hijo
> de sus entrañas?
> Pues aunque ella lo olvidara,
> yo no me olvidaría de ti.
> Mira, en las palmas de mis manos
> te llevo grabado.

Para quienes hacen una distinción maniquea entre el Dios de la Biblia, el vengador, y el Dios de los Evangelios, el Dios de la bondad, bastarían estas palabras del mayor de los profetas bíblicos, escritas casi seiscientos años antes del nacimiento de Cristo, para demostrar que tal diferencia es falsa. No cabe imagen más maternal, más tierna, más compasiva que la descrita por Isaías, que fue, más tarde, la que con más frecuencia adoptó Jesús de Nazaret.

Si el paradigma del amor es el amor maternal, aquí Dios se presenta, incluso, más amoroso que una madre: si puede haber una madre capaz de desinteresarse por el fruto de sus entrañas —y sabemos que existen—, Dios nunca lo haría. Lleva grabado el nombre de cada ser humano en la palma de sus manos. ¿Cabe ternura y afecto mayor? Y Dios es también defensor de los pobres y de la justicia: «Eres Dios de los humildes, socorro de los oprimidos, protector de los débiles, defensor de los abandonados, salvador de los desesperanzados», se lee en el libro de Judit 9, 11 y siguientes.

EL DIOS DEL MIEDO Y EL DIOS-MADRE

Lo curioso es que la Iglesia cristiana, que tantas veces ha sugerido que el Dios de los judíos era el Dios del miedo y de la venganza —frente al cristiano Dios del amor y de la misericordia—, en la práctica ha presentado, desde los púlpitos, a un Dios tan severo que es capaz de castigar a un niño con el fuego eterno del infierno; se ha difundido un Dios incapaz de ser comprensivo con la fragilidad humana, un Dios obsesionado con los pecados del sexo —cosa que muy poco aparece en la Biblia—, un Dios que salva sólo a los que profesan su fe. Ha sido el Dios de la Iglesia enemigo del gozo y de la libertad de sus hijos, un Dios más cercano a los ricos y poderosos que a los pobres y oprimidos.

En realidad, el Dios de la Biblia es un Dios comprometido con la tierra y con la historia, con los hombres. Los dioses del Olimpo permanecían ajenos a los problemas humanos, alejados de la justicia o la injusticia y no sabían lo que significaba la compasión o la misericordia. Eran dioses sedientos de sacrificios, incluso de sacrificios humanos. Dioses interesados y mezquinos.

El de la Biblia nunca es un dios mezquino. Tiene, sí, todas las pasiones y las ambiciones de los hombres, todas sus fragilidades, pero también todas sus grandezas. No tolera la injusticia y es severo con la maldad y la impiedad. Precisamente porque Yahvéh se revela con una característica única: su fidelidad a quien lo acepta. Una fidelidad a toda prueba. Puede incluso castigar, juzgar severamente, destruir, pero nunca será «infiel». Es un defecto que el Dios de la Biblia no tiene. Por eso es al mismo tiempo un Dios «celoso», como un amante. Los celos de Dios son al mismo tiempo ira terrible y frágil ternura.

Se entienden así las metáforas de la Biblia para designar la alianza de Dios con su pueblo escogido y con cada ser humano, tomadas del amor entre esposos, de la fidelidad conyugal. Dios se casa con lazo indisoluble con la humanidad. Y cuando ésta es infiel, sufre, se irrita, castiga incluso, pero sigue siendo fiel. Nunca abandona. Y es ésa, a mi juicio, la característica esencial del Dios bíblico: que nunca abandona, que nunca es infiel a su palabra, que, cuando ama, nunca se vuelve atrás. De ahí la dificultad para entender la psicología divina, porque los humanos pueden entender la fragilidad del Dios bíblico, porque forma parte de su tejido carnal, pero nunca podrán entender del todo esa especie de fidelidad increíble, inquebrantable, casi absurda. Una entrega y una fidelidad al amor que supera incluso la entrega y la fidelidad de una madre.

¿Será Dios quien no abandona a los hombres o serán más bien los hombres quienes se resisten, en su fragilidad y desesperación y angustia, a abandonar la esperanza en Dios porque se sienten demasiado solos y desnudos?

CAPÍTULO XII

Los profetas

Los llamados «libros proféticos» constituyen uno de los capítulos más fascinantes de la Biblia. Y más modernos. En la actualidad, estos textos son objeto de estudio; por ejemplo, entre los teólogos llamados «de la liberación». En el mundo occidental, donde las iglesias se han institucionalizado y burocratizado, y donde el género profético está desvalorizado por la ortodoxia oficial, el estudio de los profetas bíblicos se hace más acuciante y actual.

¿Quiénes eran los profetas? ¿Cómo distinguir los verdaderos de los falsos? ¿Estaban al servicio de los reyes o éstos los temían y, por esa razón, pretendían atraerlos a su corte? ¿Eran teólogos, aristócratas o simples campesinos? ¿Era original en aquel tiempo la figura del profeta o existían ya en otras culturas contemporáneas? ¿Quiénes eran los llamados «hijos de los profetas»? ¿Cuántos profetas hubo en realidad y por qué sólo se han conservado las profecías de una docena de ellos? ¿Y el resto? ¿Por qué todos los libros proféticos nos han sido transmitidos en poesía?

Las preguntas podrían extenderse mucho más. El tema de la profecía en la Biblia es largo y complejo: incluso el nombre que se adjudicó a estos visionarios tiene una historia difícil. El término «profeta» procede del griego y alude a la persona «que habla frente a otra» de parte de un tercero —que es, en este caso, la divinidad. En Israel no existía un término preciso para designar al profeta, a quien se llamaba *nabi*, una voz hebrea de incierto significado. Por profeta o *nabi* se entendían entonces cosas diferentes. En primer lugar, profeta podía ser un hombre o una mujer, aunque generalmente se trataba de varones. Podían ser aristócratas e intelectuales, como Isaías, labradores como Oseas y probablemente Miqueas, que conocían muy bien los problemas de la injusticia que sufrían los trabajadores del campo, o sacerdotes, como Jeremías y Ezequiel.

Algunos gozaban de gran consideración, porque una de sus funciones era aconsejar a los mismísimos reyes. A otros, de posición más humilde, se les tenía por locos. En ocasiones se les respetaba, otras veces acababan asesinados, como Jeremías, probablemente, tras el exilio en Egipto. En general, los profetas no tenían una vida fácil, sobre todo cuando anunciaban castigos de Yahvéh contra los poderosos por su impiedad o su insensibilidad con los humildes. En el mejor de los casos, eran temidos. A veces, sin embargo, llegaron a tener tal fuerza política que conseguían propiciar golpes de Estado para deponer a un rey que se consideraba poco grato a Dios.

No sabemos bien cómo los fieles distinguían los verdaderos de los falsos profetas, especialmente porque a veces eran los mismos profetas quienes calificaban a su vecino de falso y mantenían una encarnizada rivalidad entre ellos. En general, se consideraban profetas verdaderos aquellos que anunciaban la esperanza para Israel y promesas de tiempos mejores; y eran falsos o se tenían por tales los que arremetían con fuerza contra el poder y anunciaban la mano dura de Yahvéh con su pueblo a causa de sus infidelidades o de sus nostalgias por los viejos ídolos.

La profecía llegó a ser muy importante en Israel, aunque nunca llegó a convertirse en una categoría institucionalizada como el sacerdocio —que había sido encomendado a la tribu de Leví— o la monarquía —que le correspondía a la estirpe de David. Israel podía darse un rey, pero no un profeta, aunque los profetas eran tan importantes que incluso asistían a la coronación del rey junto a los sacerdotes.

Subversivos y poetas

La profecía, por su misma naturaleza crítica y de raíz subversiva, no podía acabar, sin embargo, encuadrada en una casta. Aunque hubo tentativas en este sentido, como cuando el don profético pasaba de padres a hijos, formando un grupo de individuos que se denominaron los «hijos de profetas». Pero, en general, la profecía era lo más libre y revolucionario de la religión judía. Y existía a veces en el seno de pequeñas comunidades más bien alérgicas a la oficialidad religiosa. Se piensa, incluso, que pudieron ser aquellas comunidades quienes conservaron, primero oralmente, y después por escrito, buena parte de los escritos proféticos de la Biblia, todos ellos en verso.

El término «profeta» es muy amplio en la Biblia. Se le atribuye incluso a Abraham, el padre de los patriarcas, o a Moisés, porque profeta significaba también "vidente", "hombre de Dios", "mensajero de Yahvéh", etcétera. Poco a poco, sin embargo, el término hebreo *nabi* se fue restringiendo a una categoría especial. Eran aquellos hombres y mujeres, de cualquier clase social, que se presentaban diciendo que Dios les había hablado. Y la comunicación entre Dios y su elegido podía adoptar formas diferentes: gestos, visiones o palabras. Los profetas podían a veces hacer prodigios y milagros para confirmar la veracidad de su profecía, como hacer flotar en el agua un machado o resucitar a un muerto.

Son muy pocos, según los expertos, los escritos que nos quedan de los profetas, de cuyos autores y vidas se conoce muy poco. Existieron muchos más, pero sólo los codificados en la Biblia judía llegaron hasta nosotros. ¿Qué ocurrió con el resto? No lo sabemos. Probablemente fueron quemados o puede que ni siquiera llegaran a ser escritos. Sabemos que existieron porque son los mismos profetas, cuyos escritos se conservan, quienes hablan de esos profetas desaparecidos, aunque a veces sólo los citen para criticarlos.

Los llamados «doce profetas de la Biblia», divididos en profetas mayores y menores —no por la importancia de cada cual, sino por el volumen de sus escritos—, tienen en común el hecho de haber estado presentes en momentos críticos de la historia de Israel. Y su misión era la de clamar en público contra la infidelidad a Yahvéh que acarreaba ineluctablemente su destrucción, aunque, de las cenizas de dicha destrucción, Dios siempre acaba salvando a una minoría a la que vuelve a hacerle las promesas antiguas de la Tierra Prometida.

Una característica curiosa de los libros proféticos, desde Isaías a Amós, es que todos están escritos en verso. ¿Es que todos eran poetas? ¿Tenía alguna relación entonces la profecía con la poesía? ¿Serían profetas, es decir, inspirados, videntes, porque eran poetas, o su condición de profetas, en contacto directo con lo que ellos consideraban la divinidad, los convertía en poetas? Una de las hipótesis plantea que, puesto que las profecías habían sido transmitidas oralmente, los fieles conservaron aquellas palabras en verso para facilitar la memorización y poder enseñarlas a los descendientes o a otros fieles. Al tiempo de fijar y escribir las profecías, éstas conservaron el verso tradicional.

A pesar de tratarse de libros cuya lectura e interpretación resultan extremadamente difíciles, los libros proféticos son actualmente los más citados, tanto por los escritores, como por los teólogos modernos e incluso en las universidades. Por alguna razón —acaso por culpa de estos tiempos de incertidumbre donde se auguran catástrofes y castigos divinos, como en los tiempos bíblicos—, los escritos proféticos son objeto de especial atención.

Reyes y plebeyos escuchaban a los profetas, aunque muchos acabaran perseguidos y asesinados. Fueron importantes por dos motivos que pueden parecer contradictorios y opuestos: los judíos apreciaban y temían a sus profetas porque, en muchas ocasiones, sus profecías, generalmente catastrofistas, acabaron cumpliéndose, como cuando Amós y Oseas anunciaron la destrucción del reino del norte; y el reino del sur fue también derrotado, tal y como habían anunciado Miqueas, Isaías y Jeremías.

¿Y cuando las profecías no se cumplían? Incluso en esos casos, los judíos las consideraban trascendentales, sobre todo si hablaban de futuras victorias y promesas de bonanza. Así, cuando Israel, azotada por tantas adversidades y derrotas, dejó de ser una nación, los judíos se refugiaron en el consuelo de sus profetas, que habían prometido que el reino de Israel sería de nuevo renovado y bendecido por Yahvéh, quien les ayudaría a reconstruir el Templo y a volver a ser el pueblo escogido, tal y como sucedió después del exilio de Babilonia.

La fuerza de las profecías radicaba en que podían aplicarse cientos de años después y para otros acontecimientos. Como ocurre también hoy, cuando algunas profecías bíblicas se aplican a los tiempos actuales: no falta quien cree que la historia de la humanidad es una sucesión de pruebas y el hombre siempre necesitará de la palabra de un profeta aplicable a su vida personal o colectiva, aunque dicha palabra haya sido pronunciada siglos atrás. «¿Qué es el tiempo para Dios?», se preguntaban los judíos. También el hombre actual se pregunta qué es el tiempo —sobre todo después de Einstein— para nuestra generación.

En la actualidad existe una tendencia —se trata, en general, de grupos religiosos extremistas y fanáticos— que consiste en aplicar las profecías bíblicas literalmente a nuestros días. Para ellos, bastaría cambiar los nombres de los antiguos imperios —Asiria o Egipto— por los de Rusia o Estados Unidos, o por los de Israel e Irak. Como si los profetas que caminaban por las tierras polvorientas de Palestina estuvieran pensando entonces en nuestra Europa, en el comunismo o en el capitalismo o en la globalización al hacer sus profecías. Lo que estos fundamentalistas revelan, sin embargo, son sus miedos y sus frustraciones, más que la fe en los antiguos profetas bíblicos.

Por otro lado, se cuenta con estudios serios para intentar conocer el papel de aquellos profetas en el ambiente sociológico de su tiempo. No existen aún resultados claros. Sólo se aprecia que la situación era muy compleja y polifacética: había profetas que trabajaban codo a codo con el rey, que les pedía consejo; y había profetas callejeros que disertaban en plena calle, ante la gente sencilla, expuestos a todo. De cualquier modo, la vida de los profetas nunca fue del todo fácil ya que, incluso los que trabajaban para los reyes, no se acomodaban siempre al gusto de los monarcas y acababan siendo temidos o perseguidos, especialmente cuando las profecías no concordaban con los deseos regios o las exigencias de conquista.

Todos los profetas coincidían, como ya indicamos, en que se sentían portavoces de Yahvéh para intentar convencer al pueblo de Israel de que su Dios era un Dios celoso, que no soportaba la infidelidad ni la apostasía y que apartarse del camino de Yahvéh, generalmente trazado por esos profetas, acababa siendo motivo de castigo y de venganza divina.

Las gentes que escuchaban y seguían a los profetas creían que éstos eran también una especie de adivinos que anticipaban el futuro. Una especie de magos que sabían, porque Dios se lo había comunicado, lo que iba a suceder. Por eso, hasta los poderosos estaban interesados en escucharlos, aunque después sus predicciones no fueran de su gusto y se encarnizaran con los augures. Esa asimilación de profeta y adivino se conservó hasta el tiempo de Jesús, que también se consideró un profeta por sus discípulos y por los ciudadanos, aunque la oficialidad judía nunca lo tuvo por tal, ya que se entendía que, en tiempos del Nazareno, la época de las profecías ya se había agotado y que no podían existir nuevos profetas.

Un ejemplo de que a Jesús se le consideraba un profeta lo revela la preciosa y emblemática página del diálogo entre Jesús y la mujer samaritana junto a un pozo de agua. Se trata de un diálogo que es casi un coqueteo entre Jesús y aquella mujer —tanto que el Evangelio dice que los discípulos quedaron extrañados, o «escandalizados», como traducen algunos—. Es comprensible que los discípulos se extrañaran o se escandalizaran ante aquella familiaridad entre el Maestro y la mujer: los judíos no podían entablar conversación en público con una mujer, ni aunque se tratara de su esposa. Jesús le dijo a la samaritana que fuese a buscar a su marido y que volviese con él. Ella contestó que no tenía marido. El Nazareno asintió: «Con razón has dicho "No tengo marido", porque cinco maridos tuviste y el que ahora tienes no es tu marido. En eso, has dicho la verdad». La samaritana, admirada, le respondió: «Señor, veo, entonces, que eres un profeta» (Jn. 4, 20), es decir, un adivino.

LA CURIOSA HISTORIA DEL LIBRO DE JEREMÍAS

Existe un episodio en el libro de Jeremías que puede servir de ejemplo para conocer, al menos en parte, cómo era la vida de algunos profetas de Israel y sus relaciones conflictivas con los reyes y con el poder.

Jeremías fue uno de los grandes profetas, consagrado como profeta por Dios mismo. Nació hacia el 650 a.C. Fue un profeta íntegro y vivió profetizando durante unos cuarenta años. Cumplió sus días, probablemente, en Egipto, donde se vio obligado a exiliarse. El interesante episodio sobre uno de sus libros tuvo lugar durante el reinado del rey Joaquín o Yoyaquim, entre el 609 y el 596 a.C. Era un periodo difícil para el reinado de Judá, pues tuvo que soportar la presión de grandes potencias, como Egipto y Babilonia, mucho más desarrolladas política, cultural y militarmente.

En aquel periodo, Jeremías debía de tener unos 40 años y Dios le dio esta orden: «Escribe todas las palabras que te he comunicado acerca de Jerusalén, Judá y de todas las naciones desde el día en que comencé a hablarte. Tal vez el pueblo de Judá, oídas las calamidades que proyecto mandarles, se convierta de su mala conducta y yo pueda perdonarles sus crímenes y sus pecados». Jeremías, que era un importante sacerdote, llamó a su secretario Baruc, profeta también, aunque sus escritos como profeta no fueron incluidos en la Biblia judía; aparecen sólo en la versión católica. Jeremías pidió a Baruc que fuera escribiendo todo lo que él le dictaba: las revelaciones que Dios le había comunicado.

No parece claro por qué Jeremías no escribió las palabras de Dios él mismo, como Yahvéh le había ordenado, y prefirió dictárselas a su secretario Baruc. ¿Qué le ocurría a Jeremías para que no pudiera redactar él mismo las palabras de Dios? El caso es que Baruc fue copiando palabra por palabra todo lo que su señor le iba dictando. Acabado el trabajo y escrito el libro, Jeremías ordenó a Baruc que fuera al templo y leyera al pueblo todas aquellas profecías. ¿Por qué no lo hizo él? Porque, como el propio Jeremías indica a su secretario, «estaba impedido» o «imposibilitado».

Baruc obedece y va al templo. El autor del libro de Jeremías, si es que es el mismo Jeremías, da mucha importancia a aquella lectura, pues la narra con todo detalle. Dice que su texto fue leído en un día de ayuno general en Jerusalén. Baruc entró en el templo para leer las profecías de su maestro. ¿Dónde hace la lectura? «En la sala de Guemaryá, hijo del secretario Safán, en el atrio superior, a la entrada de la puerta nueva del templo del Señor. Todo el pueblo podía oír».

Cuando Miqueas, hijo de Guemaryá, escuchó la lectura de Baruc, bajó al palacio real donde estaban reunidos en sesión todos los dignatarios del rey. Miqueas les refirió todo lo que había escuchado. Entonces mandaron llamar a Baruc, le pidieron que se sentara y que les leyera también a ellos el libro en voz alta. Dice la Biblia que cuando los dignatarios escucharon las palabras de Jeremías, leídas por Baruc, «se miraron unos a otros espantados y le dijeron: "Indícanos cómo has escrito todas esas cosas". Baruc les respondió: "Él [Jeremías] me dictaba todas estas palabras y yo las escribía con tinta". Entonces los dignatarios dijeron a Baruc: "Vete y escóndete con Jeremías, que nadie sepa dónde estáis"» (Jer. 36, 16-20).

Después entraron donde estaba el rey, en el atrio del palacio, dejaron el libro en la sala del secretario Elisamá y refirieron al rey todo lo sucedido. El rey mandó a Yehudí, probablemente su jefe de gabinete, a buscar el libro, ordenándole que se lo leyera en voz alta a él y a todo su consejo. El rey comenzó a escuchar y la Biblia cuenta muy gráficamente la reacción del rey a la lectura de las profecías de Jeremías con estas palabras: «El rey estaba sentado en su estancia de invierno y un brasero ardía ante él. Así que Yehudí leía tres o cuatro columnas, el rey las rasgaba con el cortaplumas de secretario y las tiraba al fuego que ardía en el brasero, hasta quemar el libro entero» (Jer. 36, 21-23).

El texto cuenta también los esfuerzos de algunos de sus consejeros, concretamente Elnatán, Delayá y Gamarías para que el rey no quemara el libro. Todo en vano. El rey ni se inmutó y dice la Biblia que «ni se espantó ni se rasgó las vestiduras, ni él ni ninguno de sus siervos que oían todas estas cosas». Frío y calculador, ordenó que detuvieran a Baruc y a Jeremías. Pero «el Señor los había escondido», dice el texto (Jer. 36, 23-26).

Yahvéh habló a Jeremías y le ordenó que volviera a escribir de nuevo el libro quemado por Joaquín, rey de Judá, a quien Jeremías debía decirle lo siguiente: «Tú has quemado este libro diciendo: "¿Por qué has escrito en él que vendrá sin remedio el rey de Babilonia, devastará este país y exterminará de él hombres y animales?". Por eso, esto dice el Señor contra Joaquín, rey de Judá: no tendrá ya quien se siente sobre el trono de David y su cadáver será arrojado al calor del día y al frío de la noche. Lo castigaré a él, a su descendencia y a su servidumbre por sus crímenes y haré venir sobre ellos y sobre los hombres de Judá todo el mal que les había anunciado sin que me escucharan». Jeremías, obediente, llamó a Baruc y volvió, con santa paciencia, a dictarle de nuevo todo el libro anterior hecho cenizas en el brasero que calentaba los pies del rey. Le dictó todo y más, como afirma la Biblia: «Fueron añadidas además muchas otras palabras del mismo género» (Jer. 36, 27-32).

Lástima que la narración se interrumpa en este punto. Nada sabemos de cómo el segundo libro llegó otra vez al rey con las terribles amenazas de Dios contra él y cómo reaccionó esta vez. Pero lo cierto es que Jeremías, junto con Baruc, acabaron en el exilio en Egipto y, al parecer, ambos fueron martirizados.

Lo dicho es suficiente para entender las relaciones que aquellos profetas tenían con el poder. ¿Pero es que, alguna vez y en algún tiempo, los profetas y los verdaderos poetas fueron amados por los poderosos?

Dicen los expertos que una de las pocas frases que con seguridad conocemos de Jesús de Nazaret es aquella que dijo a sus discípulos: «Nadie es profeta en su propia patria».

Capítulo XIII

Las narraciones bíblicas y los mitos antiguos

Uno de los puntos aún no esclarecidos de la Biblia es el espacio que en ella ocupan los mitos. Sabemos, sin duda, que no todas las narraciones son históricas u originales. Muchas de ellas se inspiran en mitos o leyendas de otras culturas con las que el pueblo de Israel convivía. Pero no sabemos aún en qué medida el mito está presente en los textos sagrados.

Sabemos que algunas narraciones coinciden con mitos ya existentes, en cuyo caso es fácil imaginar que dichos mitos hayan podido inspirar ciertos episodios bíblicos. Según Gary Greenberg, en su magnífica obra *101 mitos de la Biblia*, el mito existe incluso donde no aparece evidentemente: tal vez los autores intentaron esconder dichas huellas o, al menos, las disfrazaron para que no fueran tan explícitas. Para él, cada narración bíblica esconde un mito o una leyenda anterior.

Son hipótesis interesantes, pero aún no confirmadas, y forman parte de los misterios y secretos que, como dijimos, aún encierra la Biblia. El mismo Greenberg, que es presidente de la Sociedad Bíblica de Arqueología de Nueva York, reconoce que en la Biblia quedan aún muchos enigmas por descifrar.

La demostración de que aún quedan muchas cosas oscuras en el estudio de la Biblia es que los especialistas suelen modificar sus hipótesis a lo largo de los años, en la medida en que surgen nuevas investigaciones o se descubren nuevas fuentes históricas.

Es evidente, por ejemplo, que los autores de la Biblia, cualesquiera que fuesen, eran personas de cierta cultura, que habían tenido contacto con las otras grandes civilizaciones vecinas, como la egipcia, la cananea y la mesopotámica, que ya poseían una literatura propia. Por otra parte, muchos de los personajes presentes en los orígenes de la historia de Israel, desde Moisés a Jacob, vivieron y se formaron en Egipto, por ejemplo. Por eso, la pregunta recurrente es: ¿cuánto hay de tradición egipcia en los textos bíblicos? ¿Cuántos mitos procedentes de aquel país —cuya increíble cultura estaba plenamente desarrollada cuando Israel ni siquiera existía como pueblo— acabaron inspirando a los autores bíblicos?

Ya hemos sugerido más arriba que, probablemente, la idea del monoteísmo, base de la religiosidad judía, con un Dios creador único, pudo haberse tomado de Egipto, donde ya existía, al menos en ciernes, aunque aún no del todo elaborada, la idea de un Dios creador al que el resto de las divinidades estaban sujetas.

Al mismo tiempo, es necesario ser prudentes en el estudio del sustrato mítico de la Biblia y las posibles fuentes en las que sus autores pudieron inspirarse. Incluso en la actualidad, en la moderna literatura, es difícil escribir algo completamente original y todos los escritores, también los más importantes y famosos, sufren o gozan las influencias de diferentes culturas. El escritor italiano Leonardo Sciascia solía decir que nada nuevo se escribe, ni de la nada, que todo se «reescribe».

Historias originales

Hay mitos y leyendas de carácter popular que son antiguos como el mundo y que encontramos con características casi idénticas en culturas y pueblos que nunca estuvieron en contacto. ¿Cómo se explican estas coincidencias? ¿Y cómo se explican ciertos sueños que suelen tener personas de los lugares más diferentes, sin ninguna relación? ¿Por qué, por ejemplo, en todos los continentes y en todas las clases sociales hay quien sueña que es capaz de volar? ¿O, al revés, que es incapaz de caminar, porque hay alguien que le sujeta por sus vestidos? Los psicólogos llaman a estos sueños «recurrentes». ¿Cómo se explican? Las hipótesis explicativas son muchas, pero son sólo hipótesis.

A veces, en la Biblia, lo importante no es tanto el material histórico, sino lo que la leyenda o el mito o el cuento encierra y el significado que adquiere en la concepción del autor. Un solo mito puede dar lugar a narraciones con interpretaciones o intenciones diferentes. Lo mismo ocurre con los símbolos. Baste recordar que en la Biblia existen dos narraciones bien diferentes de la creación del mundo o la distinta simbología que podría tener el episodio de Caín y Abel, dependiendo del punto de vista desde el que se analice. La materia prima puede ser común a muchas culturas: la envidia entre hermanos; pero en la narración bíblica adquiere otras intenciones, explícitas o escondidas.

Sin duda, como ya advertimos, hay episodios en la Biblia que no son históricos. ¿Podemos decir que son inventados? A veces, podría tratarse de episodios que han sido «adaptados» a un cierto contexto histórico y que, para narrarlos, los autores han utilizado algún mito o leyenda antigua. Algo parecido a lo que ocurre con los escritores modernos, en un proceso inverso: utilizan algún pasaje autobiográfico para elaborar un cuento con elementos en los que se mezclan la realidad y la ficción. En la Biblia podría haberse dado la relación contraria: los autores utilizaban un cuento o un mito antiguo, bien conocido, para describir una realidad. Pero también se trata aquí de puras hipótesis.

🦋 Un ejemplo gráfico podría ser el relato de la Creación: Dios da vida a los animales y a los primeros seres humanos con la sola fuerza de la palabra. Ahora bien, sabemos que en la cultura egipcia la palabra tenía una fuerza casi sagrada y, en algunos escritos egipcios, se habla de «órdenes verbales» en el proceso de la Creación. ¿Quiere eso decir que los autores de la Biblia se sirvieron de la cultura egipcia y la importancia que otorgaban a la palabra pronunciada para escribir uno de los dos relatos de la Creación que aparecen en el libro del Génesis? Es posible. ¿Podría deducirse, entonces, que la narración del Génesis es una copia de algún texto egipcio? Aunque así fuera —que no lo sabemos—, lo importante es el contexto religioso que han querido conferir los autores bíblicos a la imagen que pretendían transmitir de Dios. Es muy posible que la idea egipcia —las palabras tienen una fuerza especial cuando se pronuncian— pudiera inspirar a los escritores de Israel en la elaboración de la llamada «teología de la palabra», pero, sin duda, llevaron aquella idea a una elaboración ulterior mucho más elevada. Baste pensar en la importancia que en Israel adquirieron los nombres de las personas: eran una especie de programa de vida o de profecía del futuro en cada persona.

Si es cierto que la primera intuición —una palabra puede realizar lo que significa— pudo tomarse de la cultura egipcia, de lo que no cabe duda es que fue después el pueblo de Israel el que dedujo de aquella intuición toda una forma de vida e incluso un modo de interpretar la esencia de Dios. Más tarde, ya en tiempos del primer cristianismo, el evangelista Juan procedió a identificar a Dios con la Palabra.

LA BIBLIA ES UNA PARADOJA

La Biblia es un libro extremadamente complejo. Precisamente, porque en ella se mezclan gran variedad de elementos, además del mito y la realidad. Allí se narra la historia de un pueblo durante más de mil años. Y se lleva a cabo mezclando leyendas y hechos históricos. Tanto leyendas como acontecimientos históricos están manipulados o adaptados de acuerdo con las luchas internas de aquel pueblo y conforme a lo que querían probar. No se puede olvidar, por ejemplo, que los dos pueblos de Judá e Israel, fundados por dos de los doce hijos de Jacob, mantuvieron cruentas guerras y fueron gobernados por reyes distintos y enemigos, cuando, en teoría, debían permanecer juntos y forjar el pueblo judío, el escogido por Dios. La historia condicionó profundamente a muchos de los escritores bíblicos, ya que ambos pueblos se atribuían a sí mismos la bendición de Yahvéh.

Al parecer, algunas ciudades mencionadas en la Biblia nunca existieron. Puede que fueran inventadas con el propósito de probar algunas concepciones de la nueva religión que se estaba formando en Israel. Pero, una vez más, lo importante de los escritos bíblicos no radica en la cantidad más o menos expresa de lo que de histórico hay en ella. Lo importante es que se trata de una narración que describe, sirviéndose de diferentes géneros literarios, incluso de la ficción, la gran epopeya histórica y no mítica. Y ésta es la gran paradoja bíblica: se puede decir que cada narración está fundada o inspirada en un mito, pero, al mismo tiempo, la Biblia es una obra histórica, porque nos presenta las peripecias históricas, culturales y religiosas de un pueblo real y vivo que ha dejado un huella fundamental en nuestra civilización.

CAPÍTULO XIV

Un código matemático oculto para revelar el futuro

Hay quien sigue pensando que en la Biblia y en su texto original en hebreo, con algunas pequeñas partes en arameo, existen aún secretos sin desvelar. Quizá se deba al hecho de que, como ya se dijo anteriormente, la Biblia se ha considerado siempre algo más que un libro. Esa mezcla de sagrado y de antiguo, y, al mismo tiempo, de actual, permite que los textos sagrados judíos se conviertan en un campo fértil para la imaginación. Por eso ha inspirado tantas hipótesis y hasta fantasías. El corpus bíblico lo forman textos a los que se atribuyen revelaciones divinas, son textos de los que se conoce muy poco —ni siquiera se cuenta con los manuscritos originales— y de los que, de vez en cuando, se descubren restos preciosos bajo los escombros de antiguas civilizaciones desaparecidas, escondidos en viejas ánforas de cerámica, como los rollos de Qumram, en las proximidades del Mar Muerto.

La historia de los textos y sus características han engendrado leyendas desde hace miles de años. Hay que añadir aquí las enigmáticas palabras de Yahvéh a Daniel (12, 4): «En cuanto a ti, Daniel, guarda estas palabras en secreto y conserva sellado este libro hasta el final de los tiempos». ¿Qué esconden esas palabras del profeta? ¿Existe aún una Biblia secreta no descubierta?

Entre tantas hipótesis y fantasías, hay una tesis reciente que conmovió a la opinión pública a finales del siglo pasado: el periodista norteamericano Michael Drosnin había trabajado en el *Washington Post* y en el *Wall Street Journal;* según

131

Drosnin, el famoso matemático judío Eliyahu Rips habría descubierto un código matemático secreto en el texto original hebreo de la Biblia y dicho código secreto permitiría conocer o predecir el futuro.

Drosnin no era creyente, pero él mismo, tras años de trabajo con Rips, encontró en dicho código, entre otras cosas, la predicción del asesinato del primer ministro de Israel, Isaac Rabin. ¡Con más de un año de antelación! El nombre de Rabin aparecía sólo una vez y estaba cruzado con las palabras «asesino que asesinará»; así se cuenta en el popular libro *El código de la Biblia,* traducido a todas las lenguas.

Ante el descubrimiento, el periodista viajó hasta Israel para advertir al primer ministro. Lo hizo con una carta que le entregó en mano el poeta y amigo de Rabin, Chaim Guri. El código de la Biblia anunciaba que el primer ministro iba a ser asesinado en el año judío que comenzaba en septiembre de 1995. Murió tiroteado en el atentado del 4 de noviembre de ese año. Tras el asesinato, Drosnin fue convocado por el nuevo primer ministro, que lo presentó al jefe del Mosad, el servicio secreto de Israel, para que les hablase del código en cuestión.

Sin duda, se trata de algo más que de una pura fantasía. El descubrimiento del matemático israelí fue confirmado por otros importantes matemáticos de Harvard, de Yale y de la Universidad Hebrea y fue duplicado por un decodificador sénior del Departamento de Defensa de Estados Unidos. Y es que el asesinato de Rabin no fue el único acontecimiento hallado en el código secreto. Lo fueron también la Segunda Guerra Mundial, el Holocausto, el escándalo del Watergate, la bomba de Hiroshima, la llegada a la Luna e incluso la colisión de un cometa con Júpiter. **)**

PREDICCIONES

Lo que más aterroriza del código es que, según algunos expertos matemáticos, en él están previstos tres acontecimientos aún futuros: una Tercera Guerra Mundial —del 2000 al 2006—

alrededor de la palabra Jerusalén, con un holocausto atómico; dos grandes terremotos, en Japón y Los Ángeles, para la misma fecha, y la caída de tres cometas gigantes sobre la Tierra, en 2006, 2010 y 2012.

Toda la historia del código secreto comenzó cuando Rips, el matemático judío, descubrió que, cincuenta años atrás, un rabino de la antigua Checoslovaquia había descubierto indicios de un código secreto en el texto original hebreo de la Biblia. En la Biblioteca Nacional de Israel, Rips encontró el único libro escrito por el rabino y, a partir de ahí, comenzó a estudiar el texto bíblico con la ayuda de ordenadores.

Al parecer, ya Isaac Newton había dedicado buena parte de su vida a buscar un código secreto en la Biblia. El biógrafo de Newton, John Maynard Keynes, que estudió todo lo que el científico dejó escrito de su puño y letra, afirmaba que había escrito más sobre teología esotérica que sobre matemáticas. Newton estaba convencido de que, oculta en la Biblia, existía una profecía aún no desvelada sobre el destino de la humanidad. En la actualidad, se sospecha que Newton no consiguió descubrir lo que, más tarde, descubrió Rips, porque aún no existía el ordenador. En teoría, el hallazgo supone que la Biblia no es sólo un libro sino también un sofisticado programa informático.

Sin entrar en el complejo programa cibernético mediante el cual se pueden descubrir previstos en la Biblia miles de acontecimientos que tuvieron ya lugar en la historia, el eco mundial y extraordinario que tuvo la noticia demuestra que la humanidad todavía sigue pensando que la Biblia aún esconde mucho. Lo cree la gente sencilla que mira la Biblia como un objeto de culto sagrado, y también los hombres de la cultura y de la ciencia.

Y, como se advierte en los estudios sobre ese programa matemático de la Biblia, los judíos consideran que la verdadera Biblia, la antigua, está compuesta por los cinco primeros libros o Pentateuco, el primero de los cuales es el Génesis. Los libros se atribuyeron siempre a la autoridad de Moisés, aunque hoy sabemos que él no fue el autor. Y el programa matemático que descubre en el texto bíblico del Pentateuco ese código secreto que predice el futuro es posible porque se trata de un escrito que no ha cambiado en tres mil años. Es un texto hebreo escrito originariamente todo seguido, sin espacios y sin vocales. Sobre ese texto trabaja ahora el ordenador.

Según Rips —y se trata de algo interesante—, la Biblia podría poseer niveles ocultos que sólo podrían revelarse dependiendo de la tecnología del tiempo en que se leyera. En la actualidad, por ejemplo, mediante un modelo matemático sólo posible gracias al ordenador. ¿Y mañana? Dependerá de las nuevas tecnologías del futuro. Rips afirma que, sin duda, la Biblia esconde aún muchos otros niveles de profundidad. ¿Estará el nombre de cada uno de nosotros en ese gran bombo de las palabras hebreas de la Biblia? El periodista Drosnin, que ha descubierto tantas cosas en el código secreto, no se ha atrevido hasta ahora a cruzar su nombre, para ver si está en él y qué predice de su futuro. Pero la curiosidad por saber el futuro es innata en el hombre. Lo fue siempre y lo seguirá siendo, sobre todo, porque nadie aún ha sido capaz de encontrar en ningún código secreto una respuesta satisfactoria al porqué de la vida y de la muerte, por qué nacemos y por qué morimos, y si algún día será posible evitar la muerte.

EL LIBRO SECRETO QUE DIOS ENTREGÓ AL PROFETA DANIEL

Todas estas teorías forman parte, sin entrar en el mérito de la veracidad científica o no del descubrimiento de Rips, del mundo «apocalíptico», uno de los géneros bíblicos más complejos y difíciles de interpretar, ya que se refieren siempre al futuro y los textos están escritos en un lenguaje oculto y simbólico. A ese género pertenece, por ejemplo, el libro de Daniel, en el que se advierte que Dios entregó al profeta un libro sellado y secreto que sólo podrá ser descifrado al final de los tiempos. ¿Estamos ya cerca de ese final del mundo que anuncian las profecías bíblicas? ¿Hay alguna relación entre los augurios bíblicos y el código secreto? ¿Las profecías del código secreto son, en realidad, el libro sellado que se cita en Daniel? Eso es lo que piensan los amantes de este género apocalíptico. ¿O Daniel se refiere a algún texto profético perdido? (Dan. 12, 4: «Pero tú, Daniel, guarda en secreto estas palabras y sella el libro hasta el tiempo del fin. Muchos lo examinarán y se aumentará el conocimiento»).

Las preguntas que creyentes y no creyentes podrían hacerse al respecto son infinitas. Se las han hecho cientos de personas a Drosnin. Apasionado por el descubrimiento, el periodista americano recuerda siempre que él no tiene las respuestas, que él sólo era un reportero nocturno en los distritos de policía, que él no cree en Dios, pero que tampoco entiende qué mente superior pudo dejar grabado ese código secreto en la Biblia. Y, para curarse en salud sobre los acontecimientos futuros ya previstos en el código, acaba su libro con estas palabras: «Puede que el código no sea cierto ni equivocado. Probablemente, nos cuenta lo que podría acontecer, no lo que acontecerá». Es evidente, ya que, por ejemplo, el estallido de una nueva guerra mundial no es algo que pueda calcularse matemáticamente ni es inevitable, como la caída de un meteorito, sino que depende de la libre voluntad de los hombres: del mismo modo pueden desencadenarla o evitarla.

El mundo moderno no cree en profecías

No se puede olvidar que la Biblia acumula cientos de profecías: unas se cumplían y otras no. El mundo semita aceptaba con naturalidad la profecía y los sueños premonitorios. Todo ese mundo formaba parte de la cultura del viejo Israel. Famosos son los sueños y las profecías de José, el menor de los doce hijos de Jacob, vendido como esclavo por sus envidiosos hermanos. José se convirtió en la mano derecha del faraón de Egipto: interpretaba los sueños del faraón con gran destreza y desvelaba los misterios futuros que se encerraban en las experiencias oníricas del gran dignatario egipcio.

Los tiempos modernos han conocido el desprestigio de las profecías. Charlatanes y falsos videntes pueblan el mundo moderno. La mentalidad crítica y racional convive con creencias esotéricas de todo tipo. Todo ello, quizá, porque hemos perdido la confianza en nuestras propias fuerzas, porque nos vemos acuciados por demasiados imponderables que no conseguimos dominar.

Las iglesias cristianas, que eran antiguamente las depositarias del don de la profecía, se han burocratizado y no creen ya en el misterio ni en la revelación a través del espíritu. Hoy es imposible distinguir la verdadera de la falsa profecía, porque para la Iglesia la profecía ya ha acabado. En el tiempo de la Biblia podía ser difícil distinguir a los verdaderos de los falsos profetas, pero la gente creía que existían. ¿Era un mundo más infantil que el nuestro? Quizá. Pero el nuestro, que consideramos superior porque podemos escribir estas cosas en un computador en vez de hacerlo en un trozo de papiro o de piel de oveja, sigue atenazado por los mismos miedos de los tiempos de los profetas, y sigue buscando algo que nos desvele hacia dónde vamos y qué nos espera, a nosotros y a nuestros hijos, en el futuro.

En realidad, ¿somos tan diferentes a los antiguos judíos que escuchaban las profecías bíblicas? Tal vez no y por eso la Biblia, con sus viejas profecías, sus misterios, sus contradicciones y sus secretos, es siempre una fuente de descubrimientos y curiosidades.

CAPÍTULO XV

El Mesías

Para los judíos, la palabra «Cristo» es polémica, porque significa, en griego, Mesías, un personaje mítico muy discutido en el Antiguo Testamento y que los cristianos aplicaron a Jesús de Nazaret. Para los judíos, Jesús no era ni un profeta ni era el Mesías anunciado por las Sagradas Escrituras. Los cristianos se llaman tales precisamente porque son considerados seguidores de Cristo, es decir, del Mesías.

En hebreo, la palabra original es *mashiah*, que significa "ungido" y que en griego fue traducida como *christos* o *xristos*. De aquí proceden las voces «Cristo» y «cristiano». En la Biblia, el nombre de Mesías se concedía a los reyes escogidos por Dios y se les ungía con aceite durante la coronación. El primer ejemplo bíblico que se conoce es la unción del rey Saúl, el primer rey de Israel. Samuel ungió a Saúl: «Tomó Samuel el frasco de aceite y lo derramó sobre la cabeza de Saúl; después, lo besó y le dijo: "¿No es Yahvéh quien te ha ungido por príncipe de su pueblo Israel?"» (Sam. 1, 10, 1). Pero como no había sido elegido directamente por Dios, el rey no consiguió la benevolencia divina y acabó siendo destronado por David, el rey que verdaderamente Dios había escogido.

Precisamente por eso, según los profetas, el futuro Mesías o «salvador» de Israel, el que iba a establecer un reino de paz y de justicia en la tierra, tenía que ser de la estirpe de David, el rey escogido por Yahvéh y a cuya familia le había sido prometida la realeza «para siempre» (Sam. 2, 7, 16). Quienes no conocen bien la Biblia piensan que los judíos siempre esperaron al Mesías prometido por los profetas y que dicho Mesías habría de pertenecer necesariamente a la estirpe de David. No es así. En el Antiguo Testamento varios personajes fueron, a su tiempo, considerados como el Mesías prometido.

Incluso Ciro, el emperador de Persia, en el 559 a.C., llegó a tenerse como el verdadero y ansiado Mesías, ya que, en parte, se le consideraba como un instrumento escogido por Dios para derrotar a los opresores del pueblo judío. Ciro derrotó a los babilonios y sus tropas asumieron el control de la capital. Fue acogido como un libertador y hombre de paz. De hecho, concedió libertad religiosa a todos y permitió que los judíos cautivos en Babilonia volvieran a su tierra; también colaboró en la reconstrucción del Templo de Jerusalén. El mismo profeta Isaías lo llamó «ungido del Señor», es decir, el Mesías. Y Zorobabel, de descendencia real, fue el Mesías en palabras de algunos profetas, como Ageo y Zacarías. En general, el Mesías no aparecía como sacerdote, aunque, a veces, también algunos sacerdotes fueran considerados como Mesías y ungidos como tales.

En verdad, no existen muchas evidencias sobre el tema del Mesías en la Biblia. Es más bien un asunto que se pone de manifiesto durante los dos últimos siglos antes de Cristo. De hecho, el problema del Mesías no se trataba en las sinagogas. Al parecer, lo que sí existía era la esperanza de tiempos mejores y la esperanza de que *alguien* ayudara definitivamente al pueblo judío; no existía, en todo caso, una doctrina elaborada y clara sobre el Mesías futuro.

Toda la doctrina sobre el Mesías se desarrolló en el Nuevo Testamento y, en particular, a través de san Pablo y de los evangelistas, que hicieron un esfuerzo enorme para demostrar que Jesús de Nazaret era el Mesías anunciado y prometido por la Biblia y, por tanto, el verdadero «hijo de Dios».

De ahí que los evangelistas lleguen tantas veces a forzar los textos bíblicos para adecuarlos a Jesús, a quien consideraban el verdadero Mesías. Un detalle clásico es el nacimiento de Jesús: se sitúa en Belén. En la actualidad, todos los expertos están convencidos de que Jesús nació en Nazaret y no en

Belén. Entonces, ¿por qué en los Evangelios se dice que nació en Belén? Porque, según los profetas, el Mesías futuro debería ser del linaje de David y debía nacer en Belén. Para ello, probablemente, se creó la historia del empadronamiento, porque los evangelistas tenían que dar una explicación para que naciera en Belén y no en Nazaret, de donde eran originarios sus padres. Así, según el evangelio de Mateo, en el domingo de Ramos, anterior a su crucifixión, Jesús es aclamado como «hijo de David».

NI MESÍAS NI HIJO DE DIOS

De hecho, es curioso que mientras a los judíos se les llamaba siempre por el nombre del padre o por el lugar de nacimiento, a Jesús se le llama Jesús «de Nazaret» y nunca Jesús «de Belén». Todo el esfuerzo del Nuevo Testamento para demostrar que en Jesús se cumplieron todas las profecías anunciadas por los profetas sobre el Mesías han contribuido a que muchos textos de la Biblia acabaran interpretándose fuera de contexto. Por ejemplo, las expresiones «hijo de Dios» e «hijo del hombre». Para los judíos, la primera fórmula no significaba que a quien se otorgaba ese tratamiento fuera Dios, ya que, en el pensamiento judío, todos los hombres son «hijos de Dios»; al mismo tiempo, dicha expresión equivale también a la de «hijo del hombre», que es la que Jesús empleó para definirse a sí mismo. Jesús nunca se llamó a sí mismo «hijo de Dios», sino «hijo del hombre», que en arameo equivalía simplemente a «hombre».

Y cuando, durante la noche del proceso, el sumo sacerdote le pregunta a Jesús si él es el Mesías anunciado, Jesús responde que es el sumo sacerdote quien lo está llamando así, pero que Él es, más bien, «el hijo del hombre». La expresión «hijo de Dios» fue concedida incluso a algunos emperadores, y en las religiones paganas solía atribuirse poderes divinos a ciertos personajes humanos, pero ello no significaba que fueran dioses.

139

Cuando publiqué *Jesús, ese gran desconocido*, me invitaron a una sinagoga de Río de Janeiro para discutir el libro con un grupo de jóvenes que se preparaban para convertirse a la religión judía. La profesora era judía y el debate duró cuatro horas. La profesora llegó a admitir que los judíos habían hecho mal en dejar en manos de los cristianos a una figura tan egregia como Jesús de Nazaret, un verdadero judío, celoso de su religión, aunque intentase purificarla. A su vez, aquellos jóvenes, procedentes del cristianismo y que se iban a convertir al judaísmo, se quedaron muy impresionados al conocer, quizá por primera vez, que Jesús había sido, sobre todo, un judío y que nunca había pensado en fundar una nueva religión: sólo pretendía demostrar a sus coetáneos que la religión de los patriarcas era una religión concebida no exclusivamente para el pueblo judío, sino para todo el mundo.

Por mi parte, durante aquel debate entendí que uno de los obstáculos que muchos judíos encuentran a la hora de aceptar la importancia de la personalidad del judío Jesús es que ellos consideran que los cristianos lo han transformado en algo que Él no era. Recuerdo que cuando yo hablaba del «profeta» de Nazaret, la profesora, delicadamente, me decía que para los judíos no se podía decir que Jesús fuera un profeta. Y aún menos podían admitir que fuera el Mesías del que hablan en sus escritos los profetas, como Isaías o Zacarías.

La idea de Jesús como Mesías deberá revisarse en el contexto del diálogo entre cristianismo y judaísmo, especialmente si se pretende llegar a un entedimiento pacífico entre las dos grandes religiones. La religión cristiana no puede dejar de entenderse más que como una prolongación de la religión judía, de la que ha tomado tantas cosas que aún quedan vivas, tanto en la teología como en el culto y en la moral.

Lo curioso es que los judíos hubieran podido entender la idea mesiánica de Jesús, como «hijo del hombre», pero no la idea de la divinización posterior. Para los judíos es imposible entender que pueda existir otro Dios que no sea Yahvéh, y Jesús no podía ser más que un hijo de Dios, aunque excepcional. Pero nada más. La Iglesia cristiana propició la traslación de Mesías a «Hijo de Dios», y convirtió esta expresión en dogma de fe.

La identificación entre Mesías e Hijo de Dios permitió que a Jesús se le acabase llamando Cristo (Mesías), como si se tratara en efecto de un nombre propio en vez de un atributo. Y a sus seguidores se les llamó «cristianos». Esta identificación y otros aspectos relacionados tendrán que revisarse si la Iglesia quiere abrir un proceso de diálogo sincero con el judaísmo y reconsiderar todo el problema desde su misma raíz: la Biblia judía.

¿Es tan importante que a Jesús se le tuviera como el Mesías anunciado por los profetas, si ya otros habían gozado, en el pasado, de la misma consideración? La Iglesia dirá, sin duda, que el hecho es trascendental, de la misma forma que sigue predicando que Jesús fue Dios y no sólo hombre, y no sólo un «hijo de Dios» con un conocimiento superior de la divinidad. Pero a lo largo de más de veinte siglos de historia, la Iglesia ya ha revisado no pocas de sus posiciones. ¿Podrá hacerlo también respecto a la imagen creada alrededor de Jesús de Nazaret? La Iglesia lo negará, porque se trata de un dogma de fe y los dogmas son inmutables. Pero si un papa encontrara el valor suficiente para revisar el concepto mismo de dogma católico, ¿qué sucedería? Ya Juan XXIII dio un paso decisivo, durante el Concilio Vaticano II, distinguiendo por vez primera entre «el dogma y su formulación», entre las palabras textuales con las que se expresa un dogma y el significado real u oculto de dichas palabras, ya que éstas son hijas de nuestro tiempo y nunca podrán expresar del todo el misterio que se esconde tras ellas.

Capítulo XVI

El infierno

El concepto actual de infierno, como lugar donde los condenados sufrirán, por sus pecados, atroces tormentos durante toda la eternidad, no es originario del Antiguo Testamento o de la Biblia judía, como no lo es tampoco su carácter irreversible y eterno. El infierno fue una creación posterior que se debe al cristianismo. La doctrina cristiana se sirvió, no obstante, de algunos elementos existentes en la mentalidad religiosa judía: el fuego como castigo, por ejemplo.

En la Biblia judía no existe la palabra «infierno», que fue acuñada por los cristianos, derivada de la palabra griega *geena*, que traduciría a su vez la palabra hebrea *sheol*. Pero mientras el *sheol* de la Biblia judía significaba sólo el lugar situado en las profundidades de la tierra, donde los muertos vivirían todos juntos, como una especie de reino de las sombras, sin pena ni gloria, la *geena* cristiana adquiere la connotación de castigo, y de castigo eterno, y se destina sólo a los condenados. Para los que se salvan, existirá otro lugar diferente: el Cielo o Paraíso.

Para los judíos, el término *sheol* es ambiguo desde el principio. Se podría decir que no estaba claro dónde iban los humanos tras la muerte, y en algunos casos se sugería que los fallecidos desaparecían en la nada, sin sufrir ni gozar. Simplemente, dejaban de existir. Pero ya dijimos que los escritos de la Biblia fueron redactados a lo largo de un periodo de más de mil años. Por eso, el mismo concepto del «más allá» fue cambiando a lo largo de ese tiempo.

Los judíos, aun creyendo que la muerte acababa con todo para siempre, admitían que Dios pudiera resucitar a algunas personas de entre los muertos, o incluso que algunas personas nunca murieran, como Henoc y Elías. Pero era, más bien, como si Dios las hiciera volver a la vida después de haber desaparecido para siempre en el reino de las sombras.

Para los judíos, el concepto actual del infierno de los cristianos resulta algo ajeno. Ello se debe a una idea muy concreta: para ellos, todo el destino humano se cumple aquí, en la tierra. El «después» no cuenta. Dios premia y castiga en esta tierra, durante la vida. Y es sólo en esta vida en la que podemos gozar o sufrir, y hacer nuestras apuestas. Como si todo acabara ahí. Por eso, la religión judía aparece tan ceñida a la historia y a la vida concreta de hombres y mujeres. Esta vida lo es todo. Es aquí donde Dios castiga con sus calamidades y donde premia con sus promesas y esperanzas.

La idea de una vida después de la muerte se encuentra sólo en el libro de Daniel, escrito en Palestina hacia el 164 a.C. La idea de que una persona puede conseguir en vida su propia salvación, separadamente de la de los otros, era algo totalmente desconocido para el judaísmo y para la Biblia. La salvación, como la condenación, era siempre colectiva.

El problema de una salvación o condena personal toma cuerpo lentamente. Se advierte ya, por ejemplo, en el libro de Job, donde aquel propietario de camellos y asnas, hombre piadoso, se ve sometido a las pruebas del demonio, con la aquiescencia de Dios, para comprobar si su piedad y fidelidad al Señor es auténtica. Job comienza a hacerse ciertas preguntas de difícil contestación. Si Dios rige el mundo, si se interesa por sus criaturas, ¿por qué tantas veces son los impíos los que triunfan y los justos los que sufren? ¿Es eso razonable? Así, poco a poco, se comienza a pensar que podría haber otro tipo de recompensa en otra vida... «más allá».

Sin embargo, hay quien defiende que la idea de la resurrección en el judaísmo es el resultado, más que de una consideración abstracta o filosófica, de un suceso concreto: la persecución sobre los judíos durante los siglos II y I a.C. La idea de resurrección, así considerada, parece una respuesta práctica y no una reflexión teórica. La resurrección, por ejemplo, comienza a aparecer como la recompensa para los mártires de la fe, como se puede observar en el libro de los Macabeos.

Pero incluso la idea de la resurrección y la de una posible vida eterna son muy confusas en la Biblia. Aunque se admitía la posibilidad de volver a la vida, nadie sabía con certeza quiénes resucitarían, ni cuándo, ni por qué, ni de qué forma ni qué nuevo tipo de existencia podrían vivir. El concepto cristiano de la resurrección con el mismo cuerpo que tuvimos en vida es ajena al pensamiento judío. Como lo es la separación de dos lugares, uno para sufrir, alejado de la presencia de Dios, y otro para gozar eternamente de Él. Esta división aparece muy clara en el pensamiento católico.

LA BIBLIA SIN INFIERNO

Los judíos, en todo caso, mantenían una creencia popular: sólo los justos de Israel volverían un día en forma corporal para gozar de una nueva vida perfecta, sin sufrimientos. Pero la nueva existencia se desarrollaría en esta misma tierra, no en un cielo alejado de la tierra. La tradición suponía también que los pueblos paganos seguirían sepultados en las sombras del *sheol*, es decir, desaparecidos en la nada.

La idea de un alma inmortal, separada del cuerpo y destinada a gozar —por ser la parte más noble, ya que el cuerpo era algo pecaminoso y vil—, es desconocida para los judíos. O, cuando aparece, es por influjo de la filosofía griega. Algún eco se puede encontrar en el libro de la Sabiduría, atribuido a Salomón, pero fue con la implantación del cristianismo cuando triunfó definitivamente este dualismo de origen helenístico: el cuerpo separado del alma. Esta idea está prácticamente ausente de la teología de la Biblia, donde, si acaso, es el cuerpo el que tiene la primacía sobre el alma.

La Iglesia católica, pues, no puede inspirarse demasiado en la tradición bíblica del Antiguo Testamento para su concepción del infierno como lugar de castigo eterno. Algunos, como John B. Gabel, sugieren que el concepto de infierno o *geena*, elaborado ya por los primeros cristianos, podría haber tenido su origen gráfico en los depósitos de basura en las afueras de Jerusalén, en el valle de Hinnom, con su nube de humo tóxico y sus incendios constantes. Allí pudo nacer la primera idea del infierno como un lugar de fuego y gases mortíferos, de azufre y de calor y olor insoportables. Más tarde, creado el concepto del alma como elemento inmortal, fue fácil redondear la idea del infierno como un lugar de castigo «eterno».

Es curioso cómo la idea del «fuego», que domina la simbología y las imágenes más populares sobre el infierno —como la gran caldera de fuego donde se derriten vivos y para siempre los condenados—, fue evolucionando desde un concepto positivo, de epifanía de Dios y de purificación interior, al de una imagen puramente negativa, asociada al mal, al dolor y a la crueldad, ya que la víctima de ese fuego infernal nunca muere y se quema y sufre eternamente.

En efecto, en la Biblia, el fuego es, más bien y desde el principio, un elemento luminoso y glorioso que indica a los grandes patriarcas y profetas la presencia de Dios. A Abraham, Dios se le aparece, por primera vez, bajo el signo de una zarza ardiendo. Yahvéh se manifiesta normalmente en forma de fuego. Durante la peregrinación por el desierto, el fuego significaba, para los judíos que huían de Egipto, la gloria y la santidad de Dios. Eso sí, se trataba de un Dios fascinante y temible.

También entre los profetas el fuego representa lo positivo y suele asociarse con la divinidad. Dios sella los labios del gran profeta Isaías con un carbón de fuego, para que pudiera profetizar mejor. Y Dios entregó a Moisés los diez mandamientos «en medio del fuego». También Moisés esconde con un velo el esplendor del fuego divino que brilla en su rostro. El fuego está asociado en la Biblia siempre al culto de los sacrificios. Las víctimas eran purificadas por el fuego. En los lugares de culto se debía mantener siempre el fuego encendido.

Sin embargo, también es cierto que el fuego aparece en los escritos proféticos como instrumento de la ira de Dios. En verdad, ya antes, Yahvéh castiga a las ciudades del pecado, Sodoma y Gomorra, con el fuego. Pero son los profetas quienes introducen el concepto del fuego como castigo de la «ira de Dios». No obstante, aun entonces, entre los profetas, el fuego mantuvo su aspecto positivo y purificador. El profeta Jeremías siente en su corazón, al profetizar, como «un fuego abrasador, / encerrado en mis huesos; / me esforzaba en contenerlo, / pero no podía» (Jer. 20, 9). En la competición simbólica entre el fuego y el agua —también elemento bíblico esencial—, el fuego acaba triunfando, como aparece en el Cantar de los Cantares:

> Ponme como sello sobre tu corazón,
> como sello sobre tu brazo;
> porque es fuerte el amor como la muerte [...].
> Flechas de fuego son sus flechas,
> llamas divinas son sus llamas.
> Ni las aguas inmensas podrán apagar ese fuego,
> ni los ríos ahogarlo (Cant. 8, 6-7).

EL LIMBO, EL PURGATORIO Y EL INFIERNO

El fuego como elemento predominante en el ámbito del castigo pertenece, sobre todo, al Nuevo Testamento, aunque Jesús había adoptado la imagen del fuego positivo emanado de las Sagradas Escrituras de sus padres. Cuando los discípulos le piden que envíe fuego sobre algunas ciudades que no habían querido recibirlos, Jesús les reprocha sus palabras y les advierte que lo conocen muy mal.

Es verdad que también Jesús utilizó a veces la imagen del fuego en sentido negativo, como cuando explica que la cizaña será arrojada al fuego. Pero, como en otros temas, el profeta de Nazaret había hecho suya la vertiente más amable y positiva de la Biblia. En una frase atribuida a Jesús por Orígenes, pero que no aparece en los Evangelios, se dice: «Quien está cerca de mí, está cerca del fuego; quién está lejos de mí, lo está también del Reino». El Reino, es decir, el nuevo mensaje de esperanza anunciado por Jesús, queda aquí simbolizado por el fuego.

La Iglesia —hace sólo unos años— eliminó del catecismo, sin más explicaciones, el famoso limbo destinado a los niños: el limbo era un lugar que el cristianismo inventó y adoptó tardíamente, y allí se situaba a los niños que, por algún motivo, morían sin haber sido bautizados. A la Iglesia le parecía demasiado cruel que esos niños acabaran en el infierno, pero tampoco quería llevar al cielo a nadie que no hubiera recibido el bautismo. De modo que inventó el limbo, un lugar curioso, donde aquellos niños ni sufrían ni gozaban. Estaban allí como bobos eternos. (La expresión castellana «estar en el limbo» alude, precisamente, a esta característica).

La doctrina del limbo duró siglos. Millones de madres sufrieron porque, por algún motivo, sus hijos habían muerto antes de ser bautizados. Lo mismo ocurría con los niños que nacían muertos. Uno de esos niños nacidos muertos y que no pudo ser bautizado fue la hermana del actual papa Wojtyla. Como no había podido ser bautizada, ni siquiera la enterraron. Por eso, cuando Juan Pablo II quiso reunir a toda la familia en una única tumba, faltaron los restos de su hermana. ¿Dónde la dejaron? Es fácil suponer el dolor de la madre del futuro papa, que era, como su marido, militar, profundamente devota, y que, lógicamente, creía en la verdad católica del limbo. Más de una vez he pensado —y así lo he escrito en otras ocasiones— que quizá no sea casual que haya sido el papa Wojtyla quien, después de tantos siglos, haya querido eliminar del Catecismo Católico Universal el limbo de los niños, y sin dar explicaciones. Probablemente porque no podía darlas. La explicación más lógica es que haya podido pensar: ya que ahora soy Papa y puedo hacerlo, acabo con el limbo. Así estoy seguro de que podré un día encontrarme con mi hermana en el cielo, sin tener que ir a visitarla al limbo.

Hay quien piensa que, dentro de unos años o siglos, otro papa podría también acabar con la existencia del purgatorio, otra creación de la teología católica, sin fundamento bíblico. Curiosamente, los únicos libros donde podría descubrirse un atisbo de dicha doctrina son aquellos donde aparecen las oraciones de difuntos, pero no fueron incluidos por los judíos en su Biblia. Los consideraban apócrifos. Sólo aparecen hoy en la Biblia católica.

Y después del purgatorio, si algún papa se atreviera a eliminarlo, ¿le llegará también la hora al infierno? Para ello será necesaria la elección de un papa con mucho coraje. Los teólogos modernos, empezando por los de la Teología de la Liberación, no creen en el infierno tal y como aparece en la doctrina oficial de la Iglesia. Para ellos, resulta totalmente contradictoria la doctrina de un castigo eterno e irreversible, sin posibilidad de perdón o de retorno, ya que abogan por la imagen de Dios como madre que aparece en el profeta Isaías. ¿Es que una madre sería capaz de castigar al hijo más criminal y condenarlo eternamente? ¿No aseguraba el profeta Isaías que, aunque una madre fuera capaz de hacerlo, Dios siempre volvería la mirada hacia sus hijos?

Los teólogos católicos suelen salir del paso diciendo que, aun admitiendo que exista el infierno —no pueden negarlo sin ser excomulgados—, cualquiera puede defender, sin caer en herejía, «que puede estar vacío», porque la misericordia de Dios ha podido, en el último momento, evitar que alguien haya podido caer en aquellas calderas de fuego. Se trata de una de aquellas disputas bizantinas que tenían lugar hace siglos, en las que se discutía sobre si los ángeles tenían sexo o no.

Si los teólogos no se atreven a defender que haya una sola alma en el infierno, ¿no sería más honrado, como hizo el Papa polaco con el limbo, admitir que no existe y que nunca existió? ¿Cuántos siglos tendrán aún que pasar para que un papa entienda que Dios y el infierno son conceptos incompatibles?

SEGUNDA PARTE

Los misterios y los nombres

Capítulo XVII

El Arca de la Alianza

Uno de los objetos más misteriosos de la Biblia es la famosa Arca de la Alianza, construida con maderas de acacia por Moisés para conservar las dos tablas de piedra en las que Yahvéh había grabado «con su dedo» los diez mandamientos. Era tan importante dicha Arca que llegó a significar la presencia de Dios en Israel. Según el Salmo 32, en el Arca reposaba «el poder de Dios». Más aún: llegó a ser considerada como Dios mismo.

La historia del Arca de la Alianza es casi un cuento. Moisés estaba atravesando el desierto con miles de judíos, tras el exilio de Egipto. Dios le había prometido que conduciría a su pueblo hasta la tierra prometida de Canaán, una tierra fértil, donde, por fin, podrían vivir en paz. Pero la peregrinación por el desierto fue difícil y llena de contratiempos y contradicciones. Por una parte, Yahvéh ayudaba a los judíos a sobrevivir en aquel desierto sin agua y sin comida. Por otra, Moisés luchaba contra las tentaciones paganas de los suyos, que, de vez en cuando, se rebelaban contra el Dios que, por una parte, los protegía y, por otra, les probaba y les imponía exigencias éticas y religiosas durísimas.

Moisés subió a una montaña, convocado por Dios, donde permaneció ayunando y rezando, según los textos del libro del Deuteronomio, durante cuarenta días y cuarenta noches. Allí, Dios se le reveló y le entregó, grabados en piedra, los diez mandamientos: una suerte de Constitución ética del pueblo de Israel. Moisés bajó hasta los campamentos judíos con las Tablas de la Ley que Yahvéh le había entregado y se encontró con la sorpresa de que los suyos, cansados quizá del Dios único proclamado por Moisés, habían fundido un becerro de oro al que ofrecían sacrificios. Moisés, indignado, hizo pedazos las Tablas de la Ley que Dios le había entregado. Pero, una vez más, insistió ante Dios para que perdonara a su pueblo del pecado de idolatría.

Dios le escuchó y le pidió que tallara otras dos tablas de piedra como las primeras y que las subiera a la montaña. Añadió que Él escribiría de nuevo sobre ellas los diez mandamientos. Y le pidió que construyera un arca de madera y que colocara en ella las tablas. Moisés preparó las tablas de piedra, subió al monte y allí Dios, de nuevo, «con su dedo», esculpió en ellas los diez mandamientos: la gran carta moral no sólo para los judíos sino también, siglos después, para los cristianos.

«Yo bajé del monte», afirma Moisés, «coloqué las tablas en el arca y allí quedaron depositadas, como el Señor había ordenado». Desde aquel momento, el Arca nunca dejaría de acompañar a los israelitas en sus peregrinaciones. Les acompañará en todas las batallas. Será como el gran talismán del pueblo de Israel a través de los siglos. Una especie de icono con poderes mágicos. En el libro de los Números se puede leer: «Cuando movían el Arca, decía Moisés: "Levántate, Señor, dispérsense tus enemigos y huyan ante ti los que te aborrezcan"».

Desde Moisés hasta Salomón, el Arca desempeña un papel fundamental en Israel. Salomón llevó el Arca a Jerusalén y la colocó dentro del templo que levantó. Y en el templo de Jerusalén acaba la historia del Arca. A partir de entonces, nunca se vuelve a hablar en la Biblia de ella. ¿Dónde estuvo después y dónde está ahora?

Antes de nada, hay que recordar que en la Biblia existen dos versiones diferentes respecto a las características del Arca de la Alianza, también llamada Arca del Testimonio o Arca del Señor. En una se habla de una simple caja de madera de acacia en la que se conservaban las tablas de piedra con los mandamientos grabados por el mismísimo dedo de Dios. Pero en el libro del Éxodo (25) se habla de un Arca mucho más sofisticada. Y es Dios mismo quien le dice a Moisés, como hizo con Noé cuando éste hubo de construir el Arca para defenderse del diluvio, cómo debe ser. Debía tener un metro y veinticinco centímetros de largo, setenta y cinco de ancho, y setenta y cinco de altura. Debía estar recubierta de oro puro por dentro y por fuera, y alrededor de ella debía tener una moldura también de oro. En sus cuatro esquinas debería tener dos anillos de oro. Ordenó Dios también que el Arca tuviera unas barras de madera de acacia que deberían estar recubiertas de oro para que pasaran por los anillos de los lados del arca y, así, poder transportarla. Dentro del Arca estaría el Testimonio, es decir, las dos tablas de piedra con los diez mandamientos grabados.

Dada la importancia que tuvo dicha Arca en toda la historia de Israel, los muchos traslados que sufrió y el tiempo que duró, todo hace pensar que ésta era la verdadera Arca y no aquella construida como una simple caja de madera de acacia, que no hubiese resistido los avatares a que se vio sometida.

EL TALISMÁN

Tan importante fue para los israelitas el Arca de la Alianza que, sin ella, no es posible entender su historia religiosa, antes de la construcción del Templo de Salomón. Constituía una especie de identidad religiosa e, incluso, una forma de identidad nacional. Era como el pararrayos que aquel pueblo llevaba siempre consigo, como escudo protector. Era una especie de santuario móvil que acompañó a Israel desde sus orígenes. El Arca fue el signo concreto de la presencia activa de Dios durante el éxodo y la conquista de la tierra prometida.

El Arca se transportaba al son de cantos de guerra: era una especie de emblema de la «guerra santa» de Dios contra los enemigos de Israel. Era como el recuerdo sagrado de un tiempo terrible y, a la vez, de esperanza para los judíos. En el capítulo 6 de Samuel 2 se describe con gran solemnidad el traslado del Arca de la Alianza a Jerusalén. El rey David acababa de derrotar a los filisteos desde Gabaón hasta Guézer. Reunió a treinta mil hombres y se puso en marcha dirigiéndose hacia Baalá de Judá para traer el Arca desde allí. La colocaron sobre un carro nuevo. «David y toda la casa real de Israel iban delante de ella cantando y bailando con todas sus fuerzas al son de las cítaras, arpas, tambores, sistros y címbalos» (2 Sam. 6, 5-7).

Pero hubo un percance que revela la importancia que Yahvéh daba a aquella Arca. Cuenta la Biblia que, cuando llegaron a la era de Hacón, Uzá, hijo de Abinadab, que conducía el carro junto con su hermano Ajió, extendió su mano hacia el Arca para sujetarla «porque los bueyes habían tropezado». Dice el texto que «la ira del Señor se encendió contra Uzá, lo hirió por la falta cometida y allí mismo murió junto al Arca». Y cuenta que David se enfadó mucho con Dios porque había castigado así a Uzá. En verdad, es difícil entender cuál fue la falta cometida por el joven Uzá, ya que sólo trataba de proteger el Arca y evitar que cayera al suelo, porque los bueyes que tiraban del carro habían tropezado. Probablemente, ese texto forma parte de lo que ya hemos anotado en otras ocasiones, es decir, de una cierta imagen de un Dios más bien caprichoso e irascible que se enfada y castiga sin motivo.

De hecho, David se atemoriza con lo ocurrido y tiene miedo de llevar el Arca a su tienda. Por si acaso, prefiere colocarla en casa de Obededón de Gat, donde permaneció tres meses antes de llevarla a Jerusalén. El Arca sería una gran atracción para todos los que pasaran por la ciudad santa.

El rey Salomón levantó el Templo de Jerusalén y el Arca formó parte indisociable de él. Era la gran reliquia. Pero, tras la caída de la monarquía y después de que el Arca fuera colocada en el Templo, nada se vuelve a saber de ella. ¿Dónde la llevaron después? La Biblia no vuelve a hablar de dicho tesoro. Sólo una tradición afirma que un hijo de Salomón, junto con la reina de Saba, se la llevó a Etiopía. Y es curioso que, mientras en el mundo existen reliquias de casi todo —incluso de leche de la Virgen María y pajas del pesebre donde Jesús fue recostado al nacer, y trozos de la cruz y clavos con los que fueron traspasados sus manos y sus pies—, no hayan quedado rastros, ni siquiera falsos, de esa preciosa reliquia. No hay tampoco restos de su contenido: las dos famosas tablas de piedra con los mandamientos.

Hay quien tiene aún esperanzas —entre ellos, no pocos arqueólogos— de que algún día pueda aparecer el Arca de la Alianza o, por lo menos, las dos tablas de piedra donde, según la Biblia, el mismísimo Yahvéh había grabado «con su dedo» los diez mandamientos de la Ley. ¿En qué lengua? ¿Cómo era la caligrafía de Dios? Incluso el más escéptico sentiría gran curiosidad ante un tesoro arqueológico de esa magnitud, ya que aquellos diez mandamientos, esculpidos por Dios en dos tablas de piedra, según los textos bíblicos, siguen aún hoy vivos en la conciencia de millones de personas.

Las dudas: el Arca, el rey Salomón y el Templo de Jerusalén

Algunos especialistas mantienen teorías más radicales. Se ha llegado a imaginar que el Arca de la Alianza pudo no haber existido jamás, como seguramente no existió el Arca de Noé, a no ser que la narración recoja la leyenda de algunos de los muchos diluvios que azotaron a la humanidad antes de Noé. ¿Pero existió Noé? Incluso se ha llegado a poner en duda la existencia misma del rey Salomón y la construcción del famoso Templo de Jerusalén, aunque, últimamente, parece haberse encontrado el primer testimonio arqueológico sobre la reconstrucción de aquel templo. Luego existió.

Las dudas nacen del hecho de que no existe la más mínima huella histórica, excepto en la Biblia, de la existencia de Salomón y de su gran imperio. No existen trazas ni en la historia de Israel ni en la de ninguna nación supuestamente gobernada por Salomón. Aunque esa ausencia de datos históricos no prueban con contundencia que no fuera un personaje real. Hay muchos aspectos y detalles de los tiempos bíblicos que sólo conocemos por lo que aparece escrito, precisamente, en la Biblia. A veces se trataba de acontecimientos decisivos o de ciudades que, para la historia de la salvación de Israel, podían ser muy importantes desde el punto de vista religioso o político. Pero tal vez esas circunstancias y objetos significaban poco o nada para los demás.

Algo parecido ocurre con Jesús de Nazaret, de cuya vida y hechos no existe prácticamente nada en los anales de la historia profana. Baste pensar en la ciudad de Nazaret, donde nació Jesús: ni siquiera figuraba en los mapas de su tiempo. Era apenas una aldea, de la que nunca habríamos conocido su existencia si no hubiese sido por los Evangelios. Hoy, con los estudios arqueológicos realizados a partir de textos evangélicos, se han descubierto sus ruinas y las fuentes donde los nazarenos abrevaban sus ganados.

De cualquier modo, sigue siendo un misterio que la famosa Arca de la Alianza desapareciera de repente sin dejar huella. Puede que fuera destruida con el Templo, pero es extraño que nadie se preocupara de salvarla y que, de una forma u otra, no se hubiese conservado parte de ella. Es uno de los grandes enigmas encerrados en la Biblia.

Capítulo XVIII

El misterio de la Torre de Babel

Si hay algo simbólico en la Biblia, que va más allá de la propia historia, es la imagen de la famosa y misteriosa Torre de Babel descrita en el Génesis y que se remonta a la epopeya de la grandiosa ciudad de Babilonia, levantada entre los ríos Tigris y Éufrates por el rey Nabucodonosor. Para los judíos, Babilonia, situada en la tierra del actual Irak, fue lugar de exilio y, aunque en ella pudieron mantener sus ritos y el culto a Yahvéh, fue siempre para ellos la ciudad del mal, del placer, de los dioses paganos, la ciudad del lujo que vivía de espaldas al Dios severo de Israel. Era tierra extranjera y metáfora del reino del demonio.

La colorida historia de la Torre de Babel descrita en la Biblia no es sino un recurso literario y religioso para dar cuenta de la famosa torre —*zikkurat* o zigurat— que, ordenada en terrazas, se levantaba junto al gran templo de Babilonia. La narración de la Torre de Babel es un símbolo de algo que existió realmente, aunque no como lo cuenta el Génesis. Para la Biblia, al principio del mundo, «toda la tierra hablaba una misma lengua y usaba las mismas palabras». Fue entonces cuando los descendientes de Noé, al emigrar hacia oriente, encontraron una llanura en el país de Senaar (Babilonia) y se establecieron allí. «Y se dijeron unos a otros: "Ea, hagamos ladrillos y cozámoslos al fuego". Se sirvieron de los ladrillos en lugar de piedras, y de betún en lugar de argamasa. Luego dijeron: "Ea, edifiquemos una ciudad y una torre cuya cúspide llegue hasta el cielo. Hagámonos famosos y no andemos más dispersos por la tierra» (Gén. 11, 1-4).

Cuenta el relato bíblico que Dios bajó para ver la ciudad y la torre que los hombres estaban levantando y dijo: «He aquí que todos forman un solo pueblo y hablan una misma lengua, y éste es sólo el principio de sus empresas. Nada les impedirá llevar a cabo todo lo que se propongan. Pues bien, descendamos y confundamos su lengua para que no se entiendan los unos a los otros». Y añade: «Así Dios los dispersó de allí por toda la tierra y dejaron de construir la ciudad. Por eso se llamó Babel, porque allí confundió Dios la lengua de todos los habitantes de la tierra y los dispersó por toda la superficie» (Gén. 11, 8-9).

Por lo pronto, el nombre de la Torre de Babel, originariamente, no deriva del verbo hebreo *balal*, que significa "confundir", sino que es la adaptación hebraica del nombre Babilonia, que, según los propios babilonios, significa "portón de Dios". La etimología, según David Burque, probablemente no es original, pero el significado es interesante para una ciudad cuyo templo tenía una torre que, según la tradición, «llegaba hasta el cielo» .

Pero es verdad, como subraya Gwendolyn Leick, que durante cientos de años lo único que se sabía de Babilonia era lo que proporcionaban los relatos bíblicos, que son la memoria de un pueblo oprimido por el poder asirio o babilonio. De ahí que el simbolismo bíblico de la Torre de Babel sea más bien reflejo de decadencia y de poderío político y mundano. Y también de degradación urbana, para gentes que habían conocido sólo la vida nómada y poco sensibles a cualquier tipo de maravillas arquitectónicas. Por ello, la Torre de Babel, que originariamente era una maravilla arquitectónica, para los hijos de la Biblia era más bien el emblema de la arrogancia humana.

En busca de las ruinas de la Torre de Babel

Más tarde, con otras fuentes históricas en la mano —por ejemplo, las griegas—, las joyas arquitectónicas de la gran Babilonia se comenzaron a observar con ojos laicos. No obstante, aquel imperio ya había gozado de un inmenso esplendor antes de que el rey Nabucodonosor lo llevase al culmen de su grandeza. Así, los famosos Jardines Colgantes de Babilonia, probablemente ubicados en Nínive, fueron considerados como una de las siete maravillas del mundo. En realidad, hasta el siglo XII no se sabía mucho de las ruinas de Babilonia, que había conservado el nombre de Babil, más cercano al nombre bíblico de Babel.

A partir de entonces, con motivo de las primeras excavaciones europeas, surgió de nuevo la fiebre de la búsqueda de las ruinas de la Torre de Babel bíblica. En este resurgir arqueológico tuvo mucha parte el rabino judío Benjamín de Tudela, que viajó a Mesopotamia para visitar las comunidades judías allí asentadas y escribió los primeros relatos a propósito de la antigua civilización babilónica.

Le siguieron en la aventura el inglés John Eldred, en 1583, el italiano Piero della Valle y el francés J. Beauchamp, a finales del siglo XVIII. Para ellos, la Torre de Babel era la colina Birs Nimrud, que cerca de Babilonia conserva las ruinas de uno de los *zikkurat* o torres que solían acompañar a los grandes templos. Las primeras excavaciones con verdadero interés arqueológico comenzaron a producirse, tímidamente, a finales del siglo XIX, y con enormes dificultades, porque los restos antiguos se hallaban a más de 24 metros bajo tierra. Se buscaban, sobre todo, las famosas tablillas escritas en caracteres cuneiformes y los ladrillos vitrificados y coloreados, de gran belleza y valor. Desde Alemania se hizo llegar un tren y una locomotora para facilitar las labores arqueológicas: el objetivo era descubrir los restos del recinto del templo, con su principal santuario del dios Marduk.

La historia de Babilonia, tierra hoy de guerras y conflictos, preñada de simbolismo bíblico, se ha ido levantando entre leyendas y esfuerzos arqueológicos. Por eso, todo lo que concierne a aquella fértil región de Mesopotamia, bañada por los legendarios ríos Tigris y Éufrates, es aún hoy objeto de curiosidad y misterio, como se puede saborear leyendo la reciente y preciosa obra de la antropóloga y asirióloga Gwendolyn Leick, *Mesopotamia, la invención de la ciudad,* que estudia las diez principales ciudades mesopotámicas. En este estudio se demuestra que aquella tierra fue la cuna de una civilización que poco tenía que envidiar a la floreciente civilización egipcia y que sólo puede parecer inferior porque no contamos con los conocimientos históricos necesarios. Fue allí, en efecto, donde nació el primer proyecto de ciudad moderna, asociado a un verdadero interés arquitectónico, y donde el lenguaje oral fue codificado en forma de escritura.

Diecisiete millones de ladrillos

Para hacernos una idea del famoso *zikkurat* o zigurat del templo pagano de Babilonia, que sin duda dio origen a la narración bíblica de la Torre de Babel, fue fundamental una tablilla con escritura cuneiforme reproducida y publicada por George Smith en 1876. La tablilla pertenecía a la era seléucida y es copia de una versión anterior escrita por Anu-belshunu. La versión original pudo haber servido como plano para la construcción de Etemananki o «Fundación del Cielo y de la Tierra»: lo que la Biblia llama Torre de Babel. Al parecer, la construcción duró 43 años y se convirtió en el símbolo de Babilonia.

Hasta entonces, aquellas torres no pasaban de ser modestas construcciones de base rectangular a las que se accedía desde el tejado de los templos de estructura piramidal. Fueron los dioses quienes exigieron la construcción del grandioso zigurat de Babilonia, que debería representar el triunfo de la ciudad sobre sus enemigos. Y las dimensiones se calcularon conforme a la revelación divina. Debía construirse sobre bases seguras y su altura debía «tocar el cielo». La plaqueta con caracteres cuneiformes ofrece las medidas de la torre. Por lo pronto, la longitud de las paredes laterales tenían que ser igual a la altura del edificio: 92 x 92 metros. Otra tablilla custodiada en el Museo Británico propone las mismas medidas.

Las obras comenzaron durante el reinado de Nabopolassar y concluyeron en vida de su hijo, el rey Nabucodonosor, 43 años más tarde. Se calcula que fueron necesarios diecisiete millones de ladrillos cocidos en el fuego. Al principio, cuando comenzaron las obras, el propio rey, sus hijos y altos dignatarios de la corte llevaron los primeros baldes con una argamasa de barro a la que añadieron vino y miel. En el mito babilónico de la creación se narra que los dioses crearon al hombre en un lago de juncos y lo hicieron de un barro mezclado con sangre, en alusión, probablemente, a los sacrificios, incluso humanos, que se realizaban en aquel tiempo y que los judíos rechazaban.

La visión de aquella torre, aún sin terminar, debió de causar gran impresión en los judíos exiliados en Babilonia; probablemente, aquella inmensa construcción dio origen más tarde a la leyenda de la Torre de Babel.

Para tener una idea aproximada de la grandiosidad arquitectónica de la ciudad de Babilonia, que se extendía a lo largo de 18 kilómetros cuadrados, baste recordar que poseía 43 templos de grandes dioses, 55 santuarios sólo para el dios Marduk, 300 pedestales de los Igiggi, 600 de Aunaki, 180 capillas de Ishtar y 180 pedestales de Lugalgirra y Meslamtaea.

No es difícil imaginar la impresión que produjo en los judíos exiliados aquella profusión de dioses paganos, aquellas grandiosas construcciones religiosas y aquella vida urbana llena de placeres, donde las prostitutas sagradas hacían el amor a la vista de todos. Los judíos, seguramente, estaban escandalizados: ellos seguían el culto a Yahvéh, un Dios único y soberano, con sus exigentes Tablas de la Ley entregadas a Moisés y con una filosofía impregnada de religiosidad.

BABILONIA, LA CIUDAD MALDITA

Fue aquella visión, trasladada desde Babilonia a Jerusalén después del exilio y las deportaciones, la que inspiró los grandes textos de los profetas contra Babilonia, considerada la antítesis de Jerusalén. El llamado «resto de Israel» se había mantenido firme en sus creencias en medio de aquella orgía de dioses. Jerusalén era la ciudad santa, escogida por Yahvéh para levantar su Templo, lugar de oración de los judíos; Babilonia era «la ciudad del mal» por excelencia, «la que se complacía en su poderío», la que «se levanta ante Yahvéh con orgullo e insolencia». Babilonia era, según los profetas Isaías y Jeremías, el centro de la idolatría, de la crueldad y de la lujuria. «Templo de la malicia», la llamaría el profeta Zacarías, e Isaías, con desdén, «la ciudad de la nada».

En este contexto hay que entender el relato bíblico de la Torre de Babel, símbolo del orgullo de los hombres que quieren desafiar la potencia de Dios. Ello motiva el castigo de Dios, que confunde las lenguas de sus constructores, como si la multiplicación de las lenguas, en vez de un milagro de la cultura, fuera una maldición. Se entiende, leyendo la historia de la Torre de Babel, y a la luz de lo que sabemos de la maravillosa ciudad de Babilonia, cuna de la cultura mediterránea, la profundas diferencias que existían entre el pueblo de la Biblia y los pueblos cultos que la rodeaban y esclavizaban. El judío, un pueblo nómada primero y después agricultor, sólo parecía preocupado por la teología y por agradar al Dios del Sinaí, que no permitía sacrificios a los dioses paganos ni la adoración de sus imágenes de oro. Los babilonios y egipcios, en cambio, politeístas y filósofos, contaban con una cultura espléndida y fueron el presagio de los tiempos futuros.

Y, sin embargo, curiosamente, como ya hemos indicado en otro lugar, el gran monumento bíblico no nació en los pueblos cultos y urbanos, sino el seno del campestre pueblo judío, ajeno a las tentaciones de la cultura de su tiempo, centrado en su propia espiritualidad, a la búsqueda siempre de tiempos mejores, autoflagelante por sus propios pecados, siempre alerta para que el Dios de Abraham no le castigara con plagas y diluvios por su incredulidad.

La Biblia, como monumento imperecedero, ha sobrevivido a las ruinas de aquellas naciones florecientes y sigue constituyendo un ejemplo único e irrepetible del diálogo eterno entre la pequeñez del hombre, destinado inexorablemente a la muerte, y la grandeza del Dios único y cósmico capaz de crear los mundos con la fuerza de una sola palabra. Por eso, el pueblo judío no es el pueblo de la arquitectura, sino el pueblo del Libro, de la Palabra. Sigmund Freud, judío, al descubrir el psicoanálisis, descubrió, antes que nada, que la fuerza de la recuperación del alma, la terapia por antonomasia, la constituye la palabra, argamasa de toda creación.

Capítulo XIX

La sal

Cuando, siendo muy joven, comencé a interesarme por los temas bíblicos, me sorprendió la importancia que tanto el Antiguo como el Nuevo Testamento otorgaban a la sal. Y pude observar que los diccionarios especializados en dichos estudios dedicaban un capítulo a este producto. Todo arranca en el Antiguo Testamento, el nombre que los católicos utilizan para designar la Biblia judía. En el Nuevo Testamento, la importancia que los Evangelios y la misma Iglesia conceden a la sal, que se sigue utilizando en el sacramento del bautismo, es una herencia de los tiempos bíblicos judíos.

En torno a la sal existen reminiscencias atávicas de carácter mágico y religioso. Aún hoy, derramar sal causa cierta desazón a algunas personas, pero nadie se preocupa si se derrama azúcar, por ejemplo. Hay quien sugiere que la sal era un producto precioso y desperdiciarla era un pequeño crimen que sería castigado por los dioses. Pero debe de haber algo más. La superstición se remonta a los tiempos más oscuros de la Antigüedad.

Los habitantes de Palestina, donde nacen los textos de la Biblia, vivían en las cercanías del Mar Muerto, que ya los antiguos llamaban «mar de la sal». Así aparece en el Génesis (14, 3) donde, a propósito de la batalla entablada por cuatro reyes que declararon guerra a varias ciudades, entre ellas a Sodoma, se dice que se reunieron «en el valle de Sidin, o sea, el mar de la Sal».

Parece ser que, en el mundo bíblico antiguo, la sal estaba ligada a algún castigo o calamidad. El profeta Jeremías, hablando del hombre que confía más en sí que en Dios, dice que es «como tamarisco en la estepa, que no siente cuando llega la dicha, porque abriga en los lugares abrasados del desierto, en tierra salobre y despoblada» (Jer. 17, 6). La tierra salobre aparece unida al castigo y al mal agüero.

La sal aparece como un instrumento de Dios para castigar a los impíos y desobedientes. La mujer de Lot es protagonista de un ejemplo clásico: Dios le había prohibido mirar atrás para ver cómo ardían las ciudades de Sodoma y Gomorra, a las que había castigado con el fuego por sus pecados; ella desobedeció el mandato divino y Yahvéh castigó su desobediencia y pecado de curiosidad, convirtiéndola «en estatua de sal». ¿Por qué «de sal»? Otra tradición hacía referencia a las ciudades vencidas, sobre las que se arrojaba sal, como aparece en el libro de los Jueces (9, 45), donde se cuenta que Abimelec entró en la ciudad de Siquén, «mató a todos sus habitantes, la destruyó y la sembró de sal». Y en el Deutoronomio se habla del castigo que Dios reserva a los impíos: dice que su tierra estará hecha «de azufre, sal y tierra quemada». El profeta Zacarías también habla de tierras «abandonadas a la sal».

Pero en esos lugares castigados por la sal brotarán ríos que bonificarán las tierras saladas. Poco a poco, la vida triunfará sobre la muerte de la sal, al tiempo que ésta se utilizará para purificar. Quizá por ello la sal fue elemento imprescindible, desde muy antiguo, en los sacrificios a Dios. En el libro del Levítico, donde se ordenan las normas cotidianas de los judíos, se señala: «Echarás sal en todas las oblaciones que ofrezcas; no dejarás nunca de echar la sal de la alianza con tu Dios; todas tus ofrendas llevarán sal» (Lev. 2, 13). La sal adquiere aquí otras características y se convierte, incluso, en símbolo de la alianza con Dios. Así, se llega a hablar de «una alianza de la sal», refiriéndose a un pacto perpetuo de Dios con el rey David, tal como se puede leer en 2 Crónicas 13, 5.

Mágica y purificadora

Es difícil comprender los motivos de este proceso y la importancia que, de pronto, comienza a tener la sal. Quizá se entendió que la sal mantenía incorruptos los alimentos y los conservaba; tal vez se asentó la idea de un producto «duradero» y se asoció a la necesidad de una alianza duradera con Dios. El cambio de mentalidad respecto a la sal también podría entenderse en relación con el descubrimiento de que los alimentos de los sacrificios eran más gustosos al paladar con la sal. De hecho, a partir de entonces, la sal se convierte en un elemento positivo y sagrado. En el profeta Ezequiel se habla de la costumbre de dar friegas de sal al recién nacido y, quizá, de ahí proceda la costumbre de colocar una pizca de sal en la boca del niño cuando se oficia el sacramento del bautismo.

En el libro del Eclesiástico (39, 26), la sal aparece, junto con el hierro, la leche, la miel, el aceite y el vestido, como «las cosas indispensables» para el hombre. Pero subraya que estos elementos, entre ellos la sal, son buenas y positivas para los justos y piadosos, pero se tornan malas y negativas para los pecadores.

Hay quien quiere asociar esta repentina importancia de la sal en el mundo bíblico —de castigo a salvación— a los rituales de higiene tan abundantes en el mundo judío. Pero los especialistas se inclinan, más bien, a considerar la sal como un elemento mágico y purificador. El propio Jesús, en el evangelio de Marcos (9, 49), pronuncia unas curiosas palabras: «Todos serán salados con el fuego».

Parece que la sal adquirió la misma función que el incienso, que también purifica y aleja los malos espíritus. Jesús, siguiendo la mentalidad y cultura de sus antepasados judíos, emplea con frecuencia la imagen de la sal en sus parábolas y discursos. Y, curiosamente, las frases más oscuras del Evangelio son aquellas que están relacionadas con la sal; como cuando dice «Buena es la sal, pero si se vuelve sosa, ¿con qué se sazonará? No sirve ni para la tierra ni para el estercolero; se tira. ¡El que tenga oídos para oír, que oiga!» (Lc. 14, 35).

¿Qué quería decir Jesús? En el evangelio de Marcos, Jesús les pide a los discípulos: «Tened sal en vosotros y vivid en paz los unos con los otros» (Mc. 9, 50). ¿Qué relación establecía Jesús entre la sal y la paz? Difícil saberlo. O cuando pide a los discípulos que sean «la sal de la tierra». Quedaron lejos los tiempos bíblicos en los que la sal era símbolo de decadencia, de muerte y de castigo por parte de Dios.

Incluso san Pablo, judío convencido y perseguidor de cristianos, y, después, cristiano militante, utiliza también la metáfora de la sal cuando escribe a los Colosenses y les aconseja que su lenguaje «sea amable, sazonado con sal, para saber responder a cada uno como se debe» (Col. 4, 6).

El misterio pervive

Los temas bíblicos, desde los referidos a asuntos mágicos y rituales hasta los más apegados a la vida cotidiana, han mantenido a lo largo de los siglos una parte de aquel misterio primitivo. Ha quedado en ellos algo de aquella sacralidad original. Ocurre con la sal y con otros productos bíblicos, como el pan, el aceite, el vino o la miel, que acabaron convirtiéndose en símbolos y metáforas de bendición. El aceite se utiliza en el sacramento de la extremaunción o unción de los enfermos; el pan y el vino conquistaron la categoría máxima de la eucaristía, como símbolos del cuerpo y de la sangre de Cristo. Y la miel ya había sido, en las antiguas y refinadas culturas egipcias, imagen de bienestar y abundancia. Cuando Dios promete a Moisés, a su regreso de Egipto, una tierra nueva, la de Canaán, le dice que en ella «correrán ríos de leche y miel». La miel también es símbolo de lo imperecedero, de lo incorruptible. De hecho, la ciencia ha demostrado que la incorruptibilidad de la miel es uno de sus grandes secretos. En las pirámides de Egipto, al parecer, se encontraron restos de miel con tres mil años de antigüedad, y aún eran comestibles.

La sal, en los modernos tiempos de la secularización, ha ido perdiendo su antigua fascinación y ha vuelto casi a los inicios de la Biblia, cuando se consideraba símbolo de maldición y castigo. En la actualidad, esa maldición tiene un nombre feo y moderno: «hipertensión». La sal se ha convertido en un peligro para la salud. La Iglesia católica la conserva en el rito del bautismo aún como elemento sagrado.

¿Quién devolverá a la sal la fascinación bíblica? ¿Se renovará algún día su fuerza simbólica? Mientras tanto, queda en el inconsciente colectivo una parte de su misterio: ¡mala suerte para quien derrama la sal!

CAPÍTULO XX

Poesía erótica

El Cantar de los Cantares, atribuido al rey Salomón —aunque muy probablemente fue escrito por una mujer—, es el libro más polémico de la Biblia.

Se trata de un libro con una gran carga sensual y erótica, y se tiene por el poema de amor carnal más bello de la literatura universal. Fue un quebradero de cabeza para los judíos, que tardaron mucho en incluirlo entre los libros «oficialmente» revelados. Es, en efecto, el único de los escritos sagrados en que no se nombra una sola vez a Dios. Ni responde a las tradiciones religiosas de Israel.

Podría tener su origen literario en Egipto o en la tierra de Canaán. Y no canta el amor entre dos esposos ni el amor en el seno del matrimonio, sino el amor entre dos jóvenes enamorados. El Cantar ha sido considerado, por todo ello, como «un aerolito extraterrestre en medio de la Biblia», como afirma Santos Benetti.

Según algunas teorías, este poema de amor se debe a una mujer, no sólo porque la protagonista sea una joven y porque sea ella la que comienza y da fin al poema, sino porque se pone de manifiesto un erotismo femenino, delicado, centrado en el goce de los cinco sentidos. Todo el canto es una explosión de olores y perfumes, a azafrán, a nardo, a canela, a incienso; de sabor a frutas; de flores y de bebidas dulces; de aromas silvestres, de arrullos de aves. Sólo a una mujer se le podía ocurrir desear hacer el amor con su hombre «en la alcoba en la que había sido concebida».

Entre los judíos, fue necesario atribuir el poema al rey Salomón para que fuera aceptado como libro revelado por Dios. Para los católicos, el Cantar de los Cantares fue también un problema y un engorro. Durante años estuvo prohibida su lectura, a pesar de que la Iglesia lo hubiera catalogado entre los textos inspirados por Dios. Pocas veces se cita en los actos litúrgicos y sólo ahora se comienza a usar en la liturgia del sacramento del matrimonio, en el que se prefería el texto del pasaje de san Pablo en el que se afirma que «la mujer debe estar sometida al marido en todo».

Para intentar paliar la anomalía de un poema de amor sensual y erótico, sin ninguna alusión a Dios ni al factor religioso, tanto los judíos como los católicos intentaron darle a esos preciosos versos eróticos un carácter alegórico o simbólico: se aludía a una metáfora del amor entre Yahvéh e Israel, o entre Dios y la Iglesia. Y aun así, tradicionalmente ha sido una lectura poco aconsejable para los cristianos.

El Cantar de los Cantares es, además, una incitación al amor feliz:

> ¡Corramos! ¡Méteme en tu alcoba,
> disfrutemos juntos y gocemos!

Y a la pura pasión:

> Bésame con besos de tu boca,
> mejores son que el vino tus amores.

Y al goce de los sentidos:

> Tus labios destilan miel virgen,
> debajo de tu lengua
> escondes miel y leche [...].
> Mi amado metió la mano
> por el hueco de la cerradura,
> y mis entrañas se estremecieron.

Y al encuentro de los cuerpos:

> Tus caderas torneadas son collares,
> obra artesana de orfebre;
> tu ombligo, redondo,
> rebosa vino aromado.

Nada de amor dolorido, nada de amor amasado con sacrificio:

> Mientras mi amado descansa en su diván,
> mi nardo exhala su fragancia.
> Bolsita de mirra es mi amado para mí,
> que reposa entre mis pechos [...].
> Me apetece sentarme a su sombra,
> su fruto endulza mi boca.
> Me ha metido en la bodega,
> despliega junto a mí su bandera de amor.

UNA EXPLOSIÓN DE FELICIDAD

No es un drama ni una tragedia: aunque el poema tenga la forma de acto teatral, con los dos amantes como personajes centrales, un coro de jóvenes damas y el poeta narrador. Se trata de una explosión de felicidad sensual centrada en el encuentro pasional entre dos adolescentes que se abren al amor: es el descubrimiento de la atracción física. El único dolor es la ausencia del amado, el miedo a perderlo. Por eso, el Cantar es muy diferente de otros libros bíblicos, incluidos los poéticos, donde el amor se une al dolor, la fe se ve envuelta en pecado y la búsqueda del placer se asocia al sentido de culpa ante un Dios celoso y severo. En el Cantar, todo es solaz, todo en él es limpio y libre como el primer amanecer de la creación, como el primer beso de la aurora. No hay crepúsculos ni tinieblas.

Mira, ha pasado el invierno,
las lluvias cesaron, se han ido.
La tierra se cubre de flores,
llega la estación de la poesía,
ya se oye el arrullo de la tórtola
por toda nuestra tierra.
Despuntan yemas en la higuera,
perfuman las viñas en ciernes.

Todo es pasión gozosa:

Me has robado el corazón,
hermana y novia mía,
me has robado el corazón con una sola mirada,
con una vuelta de tu collar [...].
Tus pechos son dos crías
mellizas de gacela
paciendo entre azucenas.

Aromas, frutas, bebidas y una fuerte presencia de la naturaleza, de la tierra húmeda y fértil, en el río del amor. Y una
pasión intensa por el cuerpo del otro. Es un cántico a cada
pliegue del cuerpo, con sutiles metáforas sexuales:

ELLA
Tu vientre, pulido marfil,
todo cubierto de zafiros.
Tus piernas, columnas de alabastro,
asentadas en base de oro [...].
Tus mejillas, heras de balsameras,
macizos de perfumes.
Tus labios son lirios,
con mirra que fluye.
Tu paladar dulcísimo,
todo él un encanto.

ÉL
Palomas son tus ojos
a través de tu velo,
tu melena, rebaño de cabras [...].
Tus labios, cinta escarlata,
tus mejillas, dos cortes de granada
que se adivinan tras el velo.
Tu vientre es montón de trigo
adornado de azucenas;
tu cuello, como torre de marfil [...].
Tu cintura es como palmera,
tus pechos son los racimos,
pienso subir a la palmera,
voy a coger sus dátiles,
serán tus pechos racimos de uva,
tu aliento, aroma de manzanas,
tu paladar, vino generoso.

ELLA
Tu cabeza es oro, oro puro,
tus guedejas, racimos de palmera,
negras como el cuervo.
Tus ojos, como palomas
a la vera del arroyo,
que se bañan en leche [...].
Yo soy una muralla,
mis pechos, como torres.
Así seré para él,
como quien ha hallado la paz.
[...] Ponme como sello en tu corazón,
como sello en tu brazo,
que es fuerte el amor como la muerte,
implacable como el infierno, la pasión [...].
No pueden los torrentes apagar el amor,
ni los ríos anegarlo.

El poema no esconde la dificultad del amor entre dos adolescentes, aún no comprometidos legalmente. Son como dos ciervos libres en el monte. Pero, al mismo tiempo, saben que aquel amor desbordante que les hace correr por campos y viñedos a cuya sombra se entregan sus cuerpos, es vigilado, es criticado y envidiado. Por eso, la joven se desahoga con estos versos:

> ¡Ah, si fueras mi hermano,
> criado a los pechos de mi madre!
> Podría besarte en plena calle,
> sin miedo a ser despreciada.
> Te llevaría, te metería
> en casa de mi madre
> y tú me enseñarías.
> Te daría vino aromado,
> beberías el licor de mis granadas.

SABOR FEMENINO

El Cantar conserva una antigua ambientación relacionada con la naturaleza, la tierra y sus frutos, aunque a veces la joven llama «rey» a su amante. La muchacha dice que es morena porque la ha tostado el sol. Se trata de un amor gozoso, pero también vigilado por los hermanos de la joven, que debía de ser muy niña. Por eso, cuando ven acercarse al novio, rondando detrás de las viñas y las higueras, los hermanos se irritan. Dicen que ella es demasiado joven para amar:

> Nuestra hermana es pequeñita
> y aún no tiene pechos.
> ¿Qué hemos de hacer con nuestra hermana
> el día en que se trate de su boda?
> Si fuera un muro, levantaremos sobre ella
> almenas de plata;
> si fuese una puerta,
> la guarneceríamos con tablas de cedro.

La muchacha se defiende. Ella ya conoce el amor. Lo saboreó bajo la sombra de las cepas cargadas de uva madura. Y responde que nada hay de niña en ella, y que no es verdad que no tenga aún pechos. Responde con orgullo de adolescente herida:

> Yo soy un muro,
> mis pechos son torres.

Y por miedo a que alguien pueda hacer daño a su amor, cuyo vino ya ha encendido su garganta, le grita:

> ¡Huye, amor mío,
> sé como la gacela,
> como el cervatillo
> en los montes perfumados!

Finalmente, olvida los temores y los miedos, desprecia las habladurías gozosa y tranquila. El descanso después de la pasión:

> Su izquierda está bajo mi cabeza,
> me abraza con la derecha.
> Os conjuro, muchachas de Jerusalén:
> no despertéis ni desveléis
> a mi amor hasta que él quiera.

El Cantar de los Cantares es un libro bíblico en el que la igualdad de los sexos es absoluta. Y esta característica constituye un aspecto extraordinariamente novedoso en la literatura judía. No existe el sentido de culpa que puede advertirse en el Génesis, con Eva, la primera mujer.

La mujer es la protagonista del poema. Todo en el Cantar tiene sabor femenino, incluso los versos pronunciados por el joven varón: la visión que el muchacho tiene de la mujer y de su cuerpo contiene rasgos esencialmente femeninos. Por esa razón, entre otras, hay quien asegura que se trata de un poema de amor muy actual, sin ribetes machistas, con gran intuición del misterioso y complejo mundo amoroso de la mujer.

Y la pregunta que se hacen no pocos expertos, incluso en el ámbito religioso católico, es la que propone Santos Benetti en su obra *Sexualidad y erotismo en la Biblia:* «¿Cómo es posible que una religión que tiene el Cantar entre sus libros sagrados y revelados por Dios pueda tener tanta fobia a la sexualidad?»

(nota manuscrita en el margen: LAS DIFERENTES "CREACIONES por u DIOS")

Adán y Eva

DOS RELATOS, DOS CREACIONES

(nota manuscrita en el margen: primera creación)

¿Existieron Adán y Eva? ¿Por qué la historia del primer hombre y la primera mujer aparece en las primeras páginas de la Biblia contada de dos formas diferentes? ¿Dios creó a Adán con su simple palabra o lo hizo de un pedazo de barro, como a un cántaro? ¿Y a Eva? ¿La creó al mismo tiempo o después, a partir de una costilla del hombre? ¿Cuál de los dos relatos bíblicos es el verdadero y original?

Este primer pasaje del Génesis, con el que se abren todas las Biblias, tanto la judía como la católica y la protestante, es uno de los más polémicos y contradictorios y suscita un sinfín de interrogantes.

Con estos textos, los analistas bíblicos se han quebrado la cabeza a lo largo de los siglos. Puede tratarse de un mito, pero es el mito por antonomasia de la Creación, según la tradición judía y cristiana.

Existen diferencias fundamentales entre ambas narraciones, seguramente, procedentes de dos fuentes orales muy distintas, pero presentadas juntas en la Biblia desde antiguo. Para quienes sostienen aún que Moisés escribió el Génesis, bastarían estos dos textos —tan diferentes entre sí— para demostrar que, como mínimo, fue redactado por dos autores diferentes.

La Biblia, en su primer relato, asegura que, en el principio, «la tierra era soledad y caos, y las tinieblas cubrían el abismo, y el espíritu de Dios aleteaba sobre las aguas». Era como una gran noche sin día. Por eso, lo primero que Dios hace es crear la luz: «Dios dijo: "Haya luz", y hubo luz». Comenzaba el primer día de la Creación recién estrenada. Y Dios crea a continuación todo lo demás: vegetales, árboles de fruta, el sol, la luna y las estrellas. Pobló los mares de seres vivos y la tierra de animales de todas las especies. Lo fue creando todo con su sola palabra. Y cuando ya todo había brotado de la nada, dice la Biblia que Dios contempló la Creación «y vio que estaba bien hecha». Le había salido todo redondo, sin defectos y con poco esfuerzo. Al contrario que Hércules, a quien la mitología grecolatina presenta sudando y haciendo flexiones musculares.

Pero, una vez creado el universo, ¿quién iba a dominar y organizar todo aquello? Dios necesitaba de alguien superior a los animales y a las plantas. Y decide crear al ser humano. «Dios dijo: "Hagamos al hombre a nuestra imagen y semejanza. Domine sobre los peces del mar y las aves del cielo"». Y añade: «Dios creó al hombre a su imagen, a imagen de Dios lo creó, varón y hembra los creó». Como explica Jack Miles, en su preciosa obra *Una biografía de Dios*, Dios pretende crear una «imagen» suya. Podía haber querido crear un siervo, o un amigo o alguien parecido a Él. Pero no: quiere una *copia* de Él. Y a pesar de ser un Dios masculino, sin mujer, da a entender, al crear al hombre «varón y hembra», que la naturaleza de Dios es a un tiempo masculina y femenina. Después los bendijo a los dos y les ordenó multiplicarse y poblar y dominar la tierra. Nada más simple y elemental.

El texto es de una limpieza literaria absoluta. Dios quedó tan satisfecho de haber creado al primer hombre y a la primera mujer que, no habiéndose detenido a lo largo de los seis días que duró el trabajo de la creación, quiso en esta ocasión descansar un día, quizá para saborear despacio su obra maestra.

En este primer relato hay un detalle muy importante que contrasta con el que sigue inmediatamente. No se habla aquí de una creación separada de hombre y mujer, ni se dice nada respecto a ninguna prohibición ni respecto a ninguna fruta concreta de la que debieran mantenerse alejados; y tampoco se alude a la vergüenza de verse desnudos. No aparece ninguna serpiente tentando a Eva. Dios los crea varón y hembra, les pide que se amen, que procreen y que dominen la tierra. Eso es todo.

EL POLVO DE LA TIERRA

El segundo relato, sin duda de un autor diferente, es muy distinto. En éste se ha inspirado la teología católica para elaborar sus tesis sobre el pecado, sobre la condenación del sexo, sobre la inferioridad atávica de la mujer frente al hombre y sobre la arbitrariedad de Dios, que no permite a los humanos «conocer el bien y el mal». Este segundo relato (Gén. 2, 5 y sig.) cuenta que Dios creó al primer hombre, no con su palabra, sino que lo formó «del polvo de la tierra».

Adán, en efecto, según su etimología hebrea, puede significar «rojo» o «tierra». Después, dice el texto: «le insufló en sus narices un soplo de vida y así el hombre llegó a ser un ser viviente». ¿Y la mujer? A diferencia del primer relato, donde Dios crea a la vez al hombre y a la mujer con su sola palabra («varón y hembra los creó»), aquí, Dios, que aparece con el nombre de Yahvéh, después de haber creado al hombre de un amasijo de barro, se da cuenta de que no es bueno que el hombre esté solo. Y decide crear, a partir del hombre, una compañera. Lo importante, pues, en este relato era el varón. La mujer aparece ya como una «ayuda» para el hombre. En el primer relato, ambos aparecen creados «a su imagen y semejanza».

Dice este segundo relato que Dios hizo caer a Adán en un sueño profundo y, mientras dormía, creó a la mujer de una de sus costillas. Cuando el primer hombre se despierta, se siente feliz y exclama: «Se llamará *varona*, porque del varón ha sido tomada». El protagonismo es del varón. La mujer se presenta ya como la satisfacción del hombre. (Hay que tener en cuenta que, durante los primeros capítulos bíblicos, sólo hay hombre y mujer, y no Adán y Eva. Únicamente en Gén. 3, 20 se dice que el hombre llamó a su mujer «Eva, porque fue ella la madre de todos los vivientes». El nombre de Adán aparece más tarde, en Gén. 4, 25.

A la luz de este relato, Dios había colocado a Adán y a Eva en un jardín y les había permitido comer de todos los frutos, excepto del fruto del árbol «que estaba en el centro del jardín». ¿Qué fruta era aquella? ¿Por qué se habla siempre de la manzana? La Biblia no dice en ningún momento de qué fruta se trataba. Podían haber sido higos, por ejemplo. ¿Por qué no podían comer de aquella fruta? Porque Dios —según le cuenta Eva a la serpiente— les había dicho que el día que comieran de la fruta de aquel árbol morirían. La serpiente le aseguró que en ningún caso morirían y que Dios no quería que comieran porque, si lo hacían, «se abrirán vuestros ojos y seréis como dioses conocedores del bien y del mal».

Las preguntas que el texto sugiere son muchas. ¿Por qué la serpiente se dirige a Eva y no a Adán, el primer ser humano creado por Dios y, de algún modo, el responsable de aquel jardín? ¿Por qué Dios no iba a querer que conocieran el bien y el mal? ¿Es que pretendía que fueran siempre niños inocentes? ¿Y por qué no quería que fueran como Él? ¿No se dice en el primer relato que los había creado «a su imagen», esto es, una especie de dioses? Pero aún hay más. Adán y Eva creyeron las palabras de la serpiente, que, por otro lado, tenía razón: no era verdad que si comían aquella fruta fueran a morir, por lo menos no sucumbieron instantáneamente, aunque acabaron muriendo de viejos. ¿Conocieron el bien y el mal? El relato cuenta que, apenas comieron del fruto prohibido, «se dieron cuenta de que estaban desnudos», es decir, que se deseaban. Descubrieron la sexualidad.

Dios, que se daba un paseo por el jardín, probablemente advertido por la serpiente de que Adán y Eva habían comido la famosa fruta prohibida (¿sería un alucinógeno?), les sale al encuentro, curioso de ver el efecto que les había podido hacer aquella trasgresión. Dios llamó a Adán. Es curioso que no llamara a Eva, que aparece en el texto como la responsable de que también el hombre comiera la fruta. «¿Dónde estás?», le pregunta Dios a Adán, y él responde: «Oí tus pasos por el jardín y me entró miedo porque estaba desnudo, y me escondí». Adán no tiene miedo de Dios porque le ha desobedecido en un precepto que suponía, según lo que había dicho Eva, la pena de muerte. No, tiene miedo y vergüenza porque, de pronto, se dio cuenta de que estaba desnudo. ¿No lo estaba antes también? ¿Era aquel conocimiento, el sentirse desnudo y con pudor, lo que significaba «conocer el bien y el mal» y de ese modo «ser como dioses?». ¿Qué curiosa correlación aparece aquí entre ser «como Dios» y el descubrimiento de la sexualidad? Los teólogos tampoco tienen respuestas. Y los análisis que ha realizado la Iglesia tienen poco que ver con el texto bíblico y son ya una proyección de las enseñanzas conservadoras de san Pablo sobre la sexualidad.

Dios se pone furioso, según este segundo relato de la Creación. Se enfada por la desobediencia de Adán y Eva. Le pide explicaciones a la mujer y ésta le echa la culpa a la serpiente. Le pide explicaciones a Adán y éste le echa la culpa a la mujer: «La mujer que me diste como compañera me dio del fruto y comí».

Es bastante evidente el significado de ese «me dio del fruto y comí». Quizá por eso no se hable de ninguna fruta concreta. El fruto era probablemente la experiencia sexual.

Yahvéh maldice y condena a los tres: condena a la serpiente a vivir «arrastrándose por la tierra». ¿Es que en el Paraíso la serpiente caminaba erecta? Castiga a Eva a «parir con dolor» y a Adán a «comer el pan con el sudor de su rostro».

Después, se produce un hecho ciertamente curioso. Como si Dios se hubiese arrepentido de ser tan duro con ellos, Él mismo se encargó de hacer para el hombre y la mujer unas «túnicas de piel» y Él mismo «los vistió», como hace una madre con sus pequeños. Y así, ya vestidos, los arrojó del Paraíso.

A partir de ese momento, Adán y Eva, que ya conocen el bien y el mal, tuvieron relaciones y procrearon sus primeros hijos: Caín y Abel. La humanidad comienza, pues, con una extraña relación de Dios con el primer hombre y la primera mujer. Es un dios severo a quien le hubiese gustado que la primera pareja hubiese sido pura y no hubiese conocido la sexualidad. Después se arrepiente y les deja en paz, tras haber cubierto sus desnudeces con vestidos confeccionados por Él mismo. Y de aquella primera pareja infeliz del segundo relato —tan diferente del primero, que no contenía tabúes, ni castigos, ni prohibiciones ni inhibiciones—, nacen los primeros hermanos y con ellos los dos grandes pecados que iban a dominar el futuro de la humanidad: la envidia y el homicidio.

Conocida hoy la historia de la Iglesia, que se nutrió esencialmente de la Biblia —y sigue haciéndolo—, no es de extrañar su elección: ignoró prácticamente el primer relato, el más sobrio, el más positivo, el de un Dios que crea iguales al hombre y a la mujer, con la misma dignidad, ambos como copias de Dios, y les deja libres, sin mandamientos, en medio de un paraíso terrenal. La Iglesia se adueñó sobre todo de la segunda versión, más compleja, más sombría, más propicia para condenar la sexualidad y para elaborar una teología, no de la felicidad, con sabor a la primera luz de la Creación, sino del pecado y del sufrimiento, de las sombras y del miedo.

Capítulo XXII

Noé

El inventor del vino

A Noé se le considera un «segundo Adán», ya que, después del diluvio, Dios le encargó que repoblara la tierra. Noé es un personaje popular, cuya Arca, por él construida, llena de animales y plantas, ha sido siempre la delicia de pintores y artistas plásticos. Pero Noé es también famoso porque la humanidad le debe, según la leyenda bíblica, el hallazgo del vino. Por eso Carl S. Ehrlich considera a Noé el «primer tabernero» de la historia. Y L. Szabó, en el *Diccionario de teología bíblica*, llega a relacionar el nombre hebreo de Noé (Noah), de la raíz *naham*, que significa «consolar», con el hecho de que fue el descubridor del vino, del que se dice en la Biblia que, «bebido con moderación, consuela a los hombres» (Eclo. 31, 28).

Pablo de Tarso, tan austero e intransigente en su moral, haciéndose seguramente eco de ese texto, escribe a sus fieles que se puede beber «hasta la alegría». Y en la bendición de Jacob a sus hijos, hablando de Judá —de quien dice que «no le será arrebatado el cetro»—, profetiza que «lavará en el vino su vestido / y en sangre de uvas su manto» (Gén. 49, 10 y siguientes).

La Biblia dice literalmente: «Noé fue agricultor y plantó una viña. Bebió de su vino, se emborrachó y se quedó desnudo en el interior de la tienda» (Gén. 9, 20). Su borrachera tendría consecuencias, como se verá más adelante, pero la importancia de Noé, uno de los grandes patriarcas bíblicos, reside en que fue escogido por Dios porque era el único hombre justo que había quedado sobre la tierra.

La historia de Noé, según se narra en la Biblia, está cargada de humor y dramatismo al mismo tiempo. Dice el texto sagrado que, cuando los hombres, después de Adán, tuvieron hijas, «vieron que eran muy hermosas». Poseían probablemente aún el frescor de la primera aurora de la Creación. Los hijos de Adán, cuenta el texto, «escogieron como esposas a las más bonitas», algo que a Dios no debió de agradarle mucho, pues el texto añade: «El Señor dijo: "Mi espíritu no permanecerá siempre en el hombre, porque es de carne"». Había comenzado ya en la cabeza de Yahvéh a rondar la idea de destruir lo que había creado.

En este punto, la Biblia cuenta algo ciertamente misterioso: había gigantes en la tierra (Gén. 6, 4), y da a entender que las mujeres se unían carnalmente con esos gigantes a los que llama también «héroes de antaño». ¿Quiénes eran esos gigantes? La Biblia no lo explica, pero inmediatamente después de hablar de ellos escribe: «Al ver Dios que la maldad de los hombres sobre la tierra era grande y que siempre estaban pensando en hacer el mal [¿qué tipo de mal?] se arrepintió de haber creado al hombre». Pero ¿no había dicho Dios, después de haber creado al hombre y todas las cosas, que «todo era bueno»? ¿Por qué, de pronto, quiere acabar con todo? ¿Sólo porque aquellos hombres gigantes se unían con las mujeres más bonitas dejando de lado a las feas?

El autor del Génesis escribe: «Con gran dolor, Dios dijo: "Exterminaré de la superficie de la tierra al hombre que he creado"». Más aún: decide acabar «con hombres y animales, reptiles y aves del cielo, todo lo exterminaré, pues me pesa haberlos creado». Dios estaba airado de verdad. Pero ¿qué culpa tenían los pobres dinosaurios, las palomas, las serpientes, los asnos y los leones? Yahvéh se había cansado de todos.

No obstante, en el mejor estilo de suspense de la narración bíblica, cuando Dios ya había decidido arrasar la Creación entera, he ahí que encuentra a Noé: «un hombre justo». Se establece un compromiso. No es que Dios se vuelva atrás en su idea, ya que está determinado a acabar con todo ser viviente en la tierra, pero con una excepción: va a salvar a Noé, un hombre «que seguía los caminos de Dios». Lo salvará con toda su familia y una pareja de cada especie de animales. Y la tierra, purificada por un gigantesco diluvio universal, volverá a ser de nuevo poblada.

UN ARCA DISEÑADA POR DIOS

Dios se dirige directamente a Noé. Le cuenta sus propósitos de acabar con todo «porque la tierra está llena de violencia por culpa de los hombres», dice. Y aquí muestra una razón más de su enfado: la violencia. Dios pide a Noé que, para salvarse él y su familia —su mujer, sus tres hijos, Sem, Cam y Jafet, y las mujeres de sus hijos—, construya un arca de madera. Es curioso que sea Dios quien le comunique las medidas del navío, cómo debe construirse y quiénes van a poder entrar en ella y salvarse. Dios se presenta como arquitecto e ingeniero.

En primer lugar, el arca debe ser de madera de resina y debe estar protegida por una capa de pez por dentro y por fuera, y dividida en varios compartimentos. Debería tener 150 metros de largo por 25 de ancho y 15 de altura. Ciertamente, enorme. Le pide que deje un tragaluz, a medio metro del remate. A un lado, debería estar la puerta y el arca se habría de levantar tres pisos; Dios le pide a Noé que introduzca en el arca una pareja de todos los seres vivientes. Y, una vez más, insiste en los reptiles. No se entiende muy bien esa preocupación de Dios por salvar víboras y serpientes, pero así lo cuenta la Biblia. Y le recuerda que no deje de proveerse de los alimentos que vaya a necesitar durante los cuarenta días y cuarenta noches que durará el diluvio, aunque, más tarde, la Biblia asegura que Noé, con todo su parque zoológico, permaneció en el arca un año entero.

Noé cumplió exactamente todo lo que le había ordenado Dios, aunque el texto no explica cómo se las arregló para llevar alimento para tanto animal. En otro lugar de la narración, Dios le pide a Noé que lleve *siete* parejas de cada especie de animales. Debe de tratarse de otra fuente literaria que quiso cargar las tintas del relato. Es lógico pensar que el texto más fiel es el que habla de una sola pareja de cada especie de animales, ya que siete parece demasiado.

Dios tenía prisa por destruir a la humanidad y le dio a Noé sólo siete días para construir el Arca y preparar todo lo necesario. Sin duda, Noé tuvo que darse prisa. Noé no era, además, un jovencito. Dice la Biblia que tenía ya seiscientos años cuando tuvo que construir el Arca. Era un día 17 cuando comenzó a caer agua sobre la tierra. Quizá por eso, en algunos países, como en Italia, el día 17 es un día cargado de superstición, como el 13 en España.

La odisea de Noé comienza con una expresión muy gráfica: «El Señor cierra la puerta detrás de Noé». Una escena de cine: Dios cerrando la puerta del Arca antes de desencadenar el diluvio sobre la tierra.

Las aguas subieron tanto su nivel que llegaron hasta siete metros por encima de los montes más altos. No habla la Biblia del cosquilleo que Noé y su familia tal vez experimentaron cuando se vieron en una cáscara de nuez flotando días y días sobre aquellas aguas torrenciales y cuando observaron desde la ventana del Arca los cadáveres de todas las especies flotando en el mar. La Biblia narra así la tragedia: «Perecieron todos los seres vivientes que se movían sobre la tierra: aves, ganados, bestias salvajes y toda la humanidad. Todo lo que tenía hálito de vida en sus narices, todo lo que habitaba la tierra, todo pereció». Dios había cumplido su palabra de no dejar nada vivo, excepto a Noé y la caravana de animales de su Arca.

Noé y los suyos, a los cuarenta días, cuando comenzaron a bajar los niveles del agua, debían de estar muy nerviosos, deseando avistar tierra y abandonar aquel encierro. Noé soltó un cuervo por ver si había tierra alrededor. El cuervo estuvo yendo y viniendo, lo cual demostraba que aún no había tierra firme cerca. Después soltó una paloma, quizá pensando que la paloma iba a ser más lista y acabaría encontrando tierra. Pero tampoco. «La paloma, no encontrando donde posarse», dice el texto, «volvió de nuevo al arca, porque las aguas seguían cubriendo la superficie de la tierra». Noé debía de estar desesperado. Esperó otra semana y volvió a soltar la paloma y, cuál no sería su sorpresa, cuando la paloma regresó por la noche trayendo un ramo de olivo en su pico. Las cosas comenzaban, pues, a mejorar. Noé esperó otra semana y volvió a soltar a la paloma, que ya no regresó.

Las aguas tardaron en secarse un año entero: dice la Biblia que fue el día en que Noé cumplía 601 años y ya sabemos que había iniciado su viaje con 600 años. En ese día de su cumpleaños, Dios pide a Noé que salga del Arca con todo lo que había llevado. Es fácil imaginarse la escena que la Biblia no narra. Y no es posible no hacerse una pregunta, por pura curiosidad: ¿cómo habría sido la convivencia de tanto animal y tan diferentes, si hoy vemos que ya nos cuesta tener juntos y en paz, sin que se peleen, perros y gatos? Sin duda, Dios debió de concederle una protección especial a Noé para que no enloqueciera con tanto bicho junto, ya que es imposible pensar, en los albores del tiempo, que a Noé se le ocurriera sedar a tanto animal.

YAHVÉH CARNÍVORO

Apenas pudo salir del Arca, Noé sacrificó a algunos de aquellos animales; dice la Biblia que «a Dios le agradó aquel perfume de sacrificios». Y estaba Yahvéh tan feliz, comprobando que la vida se prolongaría en la tierra, que prometió que jamás iba a volver a destruir a la humanidad: «No maldeciré nunca más la tierra por culpa del hombre», dijo; y añadió: «Jamás volveré a castigar a los seres vivientes como acabo de hacerlo. Mientras dure la tierra, la sementera y la cosecha, frío y calor, verano e invierno, día y noche no cesarán más» (Gén. 8, 20 y sig.). En estas solemnes palabras de Dios se apoyan hoy los optimistas para demostrar que ya no podrá sobrevenir otro diluvio universal ni holocausto atómico alguno, porque Dios no podrá arrepentirse de un juramento tan firme.

En este punto y tras haber sellado Dios un pacto con Noé y con su familia, pidiéndoles que volviesen a engendrar para repoblar la tierra, la Biblia da a entender un hecho ciertamente interesante: Dios, que hasta entonces era «vegetariano», comienza a ser también carnívoro, y comunica a los hombres que, así como antes comían vegetales, ahora podrán comer también carne animal. Sin embargo, les prohíbe alimentarse con «carne que tenga aún dentro su vida, esto es, su sangre». Es decir, las bestias deberían ser antes desangradas. Y añade estas palabras enigmáticas: «Yo, Dios, os pediré cuenta estrecha de la sangre de cada uno de vosotros; se la pediré a los animales —¿también a ellos?— y al hombre, y a cada uno le pediré cuenta de la vida de su hermano». Y añade: «Quien derrame sangre del hombre verá la suya derramada por el hombre, porque Dios ha hecho al hombre a su imagen» (Gén. 9).

Si del texto en que se narra que la paloma volvió al Arca trayendo en su pico un ramo de olivo nacieron los símbolos de la paz, del nuevo pacto sellado con Noé surgirá una señal que también se convertirá, a lo largo de los siglos, en otro emblema de la esperanza: el arco iris. Y dijo Dios: «Ésta será la señal del pacto que pongo entre mí y vosotros, todos los seres vivientes, por todas las generaciones futuras: el arco iris aparecerá en las nubes y Yo, al verlo, me acordaré del pacto perpetuo entre Dios y todos los seres vivientes de la tierra». Quizás impresionado aún ante la visión de la tierra destruida por las aguas del diluvio, Yahvéh confirma: «Y las aguas ya no volverán a ser un diluvio que arrase la tierra» (Gén. 9, 12 y siguientes).

LA BORRACHERA DE NOÉ

Feliz con el pacto que Dios había firmado con él, Noé debió de comenzar a pasear por la tierra, ya libre de las aguas, y dice la Bíblia que era un agricultor y que «plantó una viña».

No explican los textos cómo consiguió elaborar el vino, pero debió de comenzar a exprimir las uvas en sus manos ya ancianas, y el zumo fermentó hasta convertirse en vino. Lo cierto es que a Noé le gustó aquella bebida y llegó a emborracharse. Estaba tan ebrio que acabó desnudándose. Y desnudo y borracho, se tumbó sobre la esterilla «en el interior de la tienda».

En ese estado lo encontró su hijo Cam, que fue a contárselo a sus otros dos hermanos, Sem y Jafet. ¿Se lo contó divertido o avergonzado? El caso es que sus dos hermanos «tomaron un manto, se lo echaron sobre la espalda y, yendo hacia atrás con el rostro vuelto, cubrieron, sin verla, la desnudez de su padre». Y aquí reside otro misterio en el texto bíblico: «Cuando Noé se despertó de su borrachera, se enteró de lo que había hecho su hijo menor, y dijo: "¡Maldito sea Canaán!" Será el último de los esclavos de sus hermanos». Canaán era hijo de Cam. ¿Por qué Noé maldice a Canaán y no a Cam, que probablemente se había divertido con el estado de embriaguez de su padre? ¿Por qué Noé maldice a su propio nieto? Nadie lo sabe. Los biblistas han hecho mil hipótesis: se ha llegado a decir incluso que este texto había sido una estrategia del autor del Génesis para justificar, más tarde, la conquista de Canaán, la tierra poblada por el hijo de Cam, y la destrucción de sus habitantes. Los psicoanalistas, por su parte, han atisbado aquí reflejos de castración, agresión sexual e incesto. Y no ha faltado quien ha querido leer en el texto —un tanto exageradamente— que se trató de un principio de racismo, ya que algunos descendientes de Cam eran de piel oscura, y que aquello justificaría en adelante la esclavitud de los africanos.

Quizá fue todo más sencillo. Sobre todo, si el episodio del Arca y del diluvio —una narración frecuente también en otras culturas— no es más que un mito. La leyenda de un héroe que sobrevive a una inundación y que vuelve a repoblar la tierra es común en muchas leyendas populares antiguas. Por ejemplo, entre los sumerios, donde Ziusudra sobrevive a varias aventuras, entre ellas, un diluvio que destruye a la humanidad.

Por otro lado, cuando los arqueólogos comenzaron a excavar para hallar restos del diluvio bíblico, se encontraron con que había habido muchos «diluvios» sobre la tierra.

Pero a Noé le corresponde el favor en la simpatía popular: él descubrió las maravillas del vino y plantó la primera cepa de la historia... según la Biblia.

Capítulo XXIII

Abraham

Abraham es el personaje más emblemático de la Biblia, tal vez sólo superado en este aspecto por Moisés. Está considerado como el padre de todos los creyentes, tanto judíos, como cristianos y musulmanes. Su historia real está entrelazada con la leyenda. Todo cuanto de él se conoce aparece sólo en la Biblia, donde, como es sabido, se mezcla la historia con la literatura religiosa. La única referencia ajena a los textos bíblicos aparece en el manual de *Geografía bíblica* de A. Luce, donde se dice que en las excavaciones de Ur se descubrió un contrato de venta de camellos con la firma de Abraham. Pero ¿se trata realmente del Abraham bíblico?

La pregunta crucial es si Abraham fue un simple pastor, un nómada que peregrinaba con su cayado en la mano, dueño sólo de un puñado de ganado, o si, por el contrario, era un estadista, amigo de reyes y hombre de negocios. Es difícil saberlo. En realidad, ni siquiera se tiene la certeza absoluta de que naciera en Ur, tal y como se dice en el Génesis. Podría ser oriundo de Hara, aunque, al parecer, salió de Ur para ir a Egipto pasando por Canaán. Pero si el relato bíblico fuera histórico, la vida de este patriarca aparece bien ajetreada, interesante y no desprovista de humor y dramatismo a un tiempo.

La fama de Abraham se ha extendido a lo largo de cientos de generaciones y ha llegado hasta nuestros días. Toda su historia está prácticamente relatada en el primer libro de la Biblia, el Génesis, y su vida se enmarca en el periodo llamado de «pre-Israel». En tiempos de Abraham no existían los textos que, más adelante, configurarían la Biblia.

Lo primero que de él sabemos es que era hijo de Téraj (Gén. 11, 26), quien engendró al futuro padre de todos los creyentes cuando contaba 70 años. Este Téraj tuvo otros dos hijos, llamados Najor y Harán. Este último fue el padre de Lot y murió aún en vida de su padre. Abraham se casó con Sara, «que era estéril y no tenía hijos», circunstancia fundamental en la historia del patriarca. Su padre, Téraj, tomó a su hijo Abraham, a la mujer de éste, Sara, y a su nieto y les hizo salir de Ur de Caldea para ir al país de Canaán. Pero se quedaron en Harán donde murió Téraj a la edad de 205 años.

A partir de ese momento, comienza la aventura religiosa de Abraham. Estando en Harán, probablemente descansando en su tienda, oye por primera vez la voz de Dios, que le dice aquellas famosas palabras: «Sal de tu tierra, de tu patria y de la casa de tu padre y vete al país que yo te indicaré. Yo haré de ti un gran pueblo; te bendeciré y engrandeceré tu nombre. Tú serás una bendición. Yo bendeciré a los que te bendigan y maldeciré a los que te maldigan. Por ti serán bendecidas todas las naciones de la tierra» (Gén. 12, 1 y siguientes). El mensaje del Cielo no puede ser más solemne, capaz de aplastar al más fuerte. El texto no explica por qué Dios escogió a Abraham: ¿la elección se basó en los méritos del propio Abraham o fue puramente gratuita? Parece que el segundo motivo se ajusta más al texto.

Lo que maravilla del relato bíblico es que Abraham ni siquiera se detiene a pensar si la voz que ha escuchado es verdadera o se trata de una ilusión o un sueño. Quizá en aquellos tiempos la familiaridad de los hombres con los dioses y con los espíritus divinos formaba parte de la mentalidad cultural y se consideraba un hecho normal o habitual. Para Abraham lo fue: sin pedir explicaciones y sin plantearse ninguna duda, acepta el mensaje de Dios y no tarda en llevarlo a efecto: «Abraham partió, como le había dicho Dios, y su sobrino Lot se fue con él. Tenía 75 años cuando salió de Harán». Abraham llevó consigo los esclavos que había comprado, lo cual indica que gozaba de cierta riqueza y que, desde luego, no era pobre.

Abraham, Sara, Lot y los esclavos se pusieron en camino con sus ganados —sobre todo, camellos— y se dirigieron a la ciudad de Canaán, tal y como había ordenado la voz divina. Cuando llegaron a aquella región, Abraham la cruzó hasta llegar a Siquén o Sikem, y se detuvo en la encina de Moré. Es curioso cómo la Biblia, que juega siempre entre la historia y el mito, se para a veces en detalles tan pequeños y aparentemente nimios, como este hecho preciso referido a la encina donde Abraham, al parecer, se detuvo. Aquella tierra estaba habitada por los cananeos. Y Abraham recibe entonces el segundo mensaje de Dios: «Yo daré esta tierra a tu descendencia» (Gén. 12, 7). Abraham atiende sin dudar las voces que escucha desde el más allá y levanta allí un altar.

LA BELLEZA DESLUMBRANTE DE SARA

Desde allí, desde el lugar de la encina, se dirige Abraham hacia una montaña situada al oriente de Betel, donde volvió a plantar su tienda. Levantó otro altar, hizo sus oraciones y tomó rumbo al Negueb. Pero allí había hambre y Abraham se dirigió a Egipto en busca de fortuna. Y comienza entonces su primera aventura amorosa.

Sara era, probablemente, una mujer hermosísima y Abraham temía que los egipcios lo mataran para adueñarse de su esposa. Entonces, idea una estratagema. Abraham le pide a Sara que, «puesto que es una mujer muy hermosa», diga a los egipcios que es su hermana y no su esposa. Tenía miedo: «Así no me matarán», le suplica.

Abraham tenía razón. Apenas llegaron a Egipto, los oficiales del faraón notaron la belleza de Sara, que fue conducida a sus palacios. Sara pasó a formar parte del harén del faraón, pero, en compensación, hizo rico a Abraham. Dice la Biblia que el faraón le dio «ovejas, bueyes y asnos, siervos y siervas, camellos y asnas». Pero a Dios no le gustó la lujuria del faraón

LA BIBLIA Y SUS SECRETOS

y descargó sus plagas sobre aquel país. El faraón supo entonces que Sara no era la hermana sino la mujer de Abraham y recriminó al nómada de Ur, diciéndole: «¿Por qué me dijiste que era tu hermana, dando lugar a que yo la tomara como mujer? Ahí tienes a tu mujer, tómala y vete». (Las aventuras de Abraham en Egipto se narran en Gén. 12, 9-20).

Una vez más, aparece claro que entonces, todos, incluido el faraón de Egipto, tenían miedo de los dioses e interpretaban las desgracias como castigos divinos. Por eso el faraón deja partir a Abraham y a su mujer sin arrebatarles las riquezas que le había concedido anteriormente.

Desde Egipto, ya rico y sin miedo al hambre, Abraham vuelve a Negueb y llega después hasta Betel, donde había dejado levantado un altar. Fue con Sara y con su sobrino, Lot. El relato dice explícitamente que Abraham «se había hecho muy rico en ganados, oro y plata». Lo curioso es que Lot también se había hecho rico, aunque no se sabe cómo; quizá administrando los bienes de su tío. El caso es que, con mucha sabiduría, el texto sagrado afirma que los dos, ahora, «tenían demasiados bienes para vivir juntos». Mejor separarse, porque comenzaban a «surgir discordias entre los pastores de Abraham y de Lot». Discordias y envidias, probablemente.

Aquí empieza a advertirse el alma noble de Abraham y el egosímo de su sobrino. El tío le dice que no debe haber discordias entre ellos, «pues somos como hermanos». Y sugiere que es mejor separarse que pelear. «¿No tienes toda la tierra ante ti?», le dice. Y le advierte que le deja escoger. Lot no perdió tiempo: «Alzando los ojos, vio toda la vega fértil del Jordán enteramente regada y la escogió para él». Dios, agradecido con la generosidad y el talante pacífico de Abraham, lo compensó con estas palabras: «Alza tus ojos y, desde el lugar donde estás, mira hacia el norte y al sur, al este y al oeste. Toda la tierra que ves te la daré a ti y a tu descendencia para siempre. Multiplicaré tu descendencia como el polvo de la tierra; si hay quien pueda contar el polvo de la tierra, ése podrá contar tu descendencia». Y le ordena: «Levántate, recorre el país a lo largo y a lo ancho, porque a ti te lo voy a dar». Abraham volvió a levantar su tienda, movilizó a pastores y esclavos y se fue al encinar de Mabré, cerca de Hebrón, y allí levantó un nuevo altar a Dios. (Los episodios de la separación de Lot y Abraham están en Gén. 13).

LAS SEÑALES DE YAHVÉH

¿Hacia dónde encaminó sus pasos Lot? Feliz con la suerte que le había correspondido y satisfecho tras haber tomado para él la vega del Jordán, llegó hasta Sodoma. La Biblia describe este lugar, junto a Gomorra, como lugar de pecado y de incesto. Lot tuvo mala suerte: hubo una guerra entre varios reyes del lugar y los monarcas de Sodoma y Gomorra resultaron derrotados; las ciudades fueron saqueadas y los vencedores se llevaron todas sus riquezas. En la refriega, Lot, que vivía en Sodoma con todos sus bienes, lo perdió todo y fue hecho prisionero. Uno de los fugitivos de Sodoma avisó a Abraham de que su sobrino Lot había caído prisionero. Y, una vez más, aparece el ánimo generoso del tío, que arma a 318 de sus hombres para salvar a su sobrino. Los enviados de Abraham actúan de noche y consiguen liberar a Lot con sus mujeres y sus riquezas.

Como había ocurrido antes, cuando Abraham fue generoso con su sobrino Lot, Dios vuelve a aparecérsele, esta vez, en una visión, y le dice: «No temas, Abraham: Yo soy tu escudo, tu recompensa será muy grande». Pero Abraham tal vez empezó a dudar de aquel Dios que no hacía más que hacerle promesas de poblar la tierra con su descendencia mientras él envejecía irremediablemente, como su mujer, Sara, que, además, era estéril. Y, así, mostrando un rasgo humorístico, Abraham se atreve a responder a Dios con estas palabras: «Pero ¿qué es lo que me vas a dar? Porque yo estoy ya para morir sin hijos y tendré como heredero sólo a uno de mis criados».

Dios le responde y le recomienda que siga teniendo fe: «No será ése tu heredero, sino uno nacido de tus entrañas». Dios insiste en la «gran descendencia» de Abraham y lo conduce fuera de la tienda. Con seguridad, este episodio tiene lugar en las tinieblas de la noche, porque Yahvéh sugiere a su siervo que observe el cielo estrellado y le pide que cuente, si puede, las estrellas: «Así de numerosa será tu descendencia», le dice. Abraham ya no se atreve a contradecir a Dios y le cree. Y dice el texto que Dios lo consideró «un hombre justo».

¿Hasta cuándo tendría paciencia Abraham? Dios insiste en que le concederá toda aquellas tierras que se extendían a sus pies. Y a Abraham le vuelven a revolotear las dudas y da un paso más en su conversación con Dios. «Todo esto está muy bien», parece decirle, «no haces más que prometerme que mi descendencia será numerosa como el polvo de la tierra y como las estrellas del cielo y que voy a poder poseer toda esta tierra, pero ¿cómo sabré yo que la voy a poseer de verdad?». Abraham insinuaba que, además de palabras y promesas, le diera alguna señal concreta de la veracidad de tan formidables augurios. (En Gén. 15, la pregunta más insolente de Abraham a su Dios aparece en 15, 8: «Señor mío, Yahvéh, ¿en qué conoceré que he de heredar esta tierra?»).

Dios se compadece del pobre Abraham y se dispone a darle una prueba. «El Señor le dijo: "Tráeme una ternera de tres años, una cabra de tres años, un carnero de tres años, una tórtola y una paloma"». Abraham debió de pensar que aquello ya comenzaba a ser más que palabras. Tomó todos aquellos animales, los partió a la mitad y los colocó frente a frente. Excepto las aves, que no las partió. Enseguida las aves carroñeras comenzaron a revolotear sobre los cadáveres y Abraham las espantaba para que no profanaran el sacrificio. De repente, Abraham cayó en un sueño profundo, según cuenta el relato bíblico, y «le envolvió una oscuridad terrorífica».

Durante el sueño, Dios le habló. Palabras proféticas y terribles: «Has de saber que tus descendientes vivirán como extranjeros en tierra extraña, en la que serán esclavizados y vivirán oprimidos durante cuatrocientos años. Pero yo juzgaré al pueblo al que habrán estado sometidos y saldrán de él con muchos bienes. Tú te reunirás en paz con tus padres y serás sepultado en una feliz ancianidad. Tus descendientes volve-

rán aquí a la cuarta generación, pues hasta entonces no se cal-
mará la maldad de los amorreos» (Gén. 15, 13).

Cuando Abraham se despertó de su sueño profético, se
estaba ya poniendo el sol y entre densísimas tinieblas apareció una hornilla humeante y una llama de fuego, que pasaron
entre los animales partidos. Aquella tarde, Dios selló un pacto solemne con Abraham: «A tu descendencia doy esta tierra, desde el torrente de Egipto hasta el gran río, el Éufrates: los
quenitas, quenizeos, cadmonitas, hititas, perizeos, refaimitas,
amorreos, cananeos, guirgaseos y jebuseos».

AGAR, LA ESCLAVA

Transcurrieron diez años más y nada ocurría. Abraham era cada vez más viejo y su mujer seguía siendo estéril. ¿De dónde
nacería aquella descendencia prometida por Dios, tan numerosa como las estrellas del cielo? Poco sabemos de Sara y es
imposible averiguar si estaba al corriente de las promesas que
Dios había hecho a su marido. Una tarde, sin creer ni dejar de
creer en las promesas divinas, Sara toma una decisión mucho
más práctica. Le dice a su marido, con cierta ironía, que lo único concreto que habían recibido de Dios era, precisamente, su
esterilidad («Ya ves que Yahvéh me ha hecho estéril», en Gén.
16, 2). Sara no se queja de Dios, quizá porque sabía que su
marido era un hombre religioso, pero constata un hecho cierto. Sara parece afirmar: «Tu Dios te ha hecho muchas promesas de descendencia, pero, mientras tanto, la pura verdad
es que no podemos tener hijos». Y propone algo muy concreto
y real. Le ofrece a su esclava egipcia Agar para que se acueste
con ella: tal era la única posibilidad de no morirse sin descendencia. La Biblia dice que Abraham obedeció a su mujer y
«tuvo relaciones con Agar, que quedó encinta».

¿Todos contentos? No tanto. La esclava, viéndose embarazada de Abraham, pecó de orgullo, y dice la Biblia que
«miraba con desprecio a su señora». Le echaba en cara su esterilidad frente a su fecundidad. Sara se enfrenta entonces con

su marido: «Tú eres responsable de la afrenta que me hace. Yo puse a la esclava en tus brazos, y ella, al verse embarazada, me mira con desprecio. ¡Que el Señor juzgue entre nosotros!». Abraham, sin saber qué responder, le dice a Sara que haga con la esclava lo que le parezca bien y ella no lo pensó dos veces: «Sará la maltrató y ella [Agar] se escapó», dice la Biblia. Con la venia de Abraham, Sara debió de propinar una buena paliza a Agar, la cual, comprendiendo cuán poco se estimaba su presencia en la casa de Abraham, huyó despavorida.

Empieza en este punto otro fragmento importante de la historia de Israel. El hijo nacido de Agar se llamó Ismael y sobre su cabeza se fundó el pueblo árabe, hermano del pueblo judío. Sin embargo, los árabes sufrieron el estigma de ser hijos de la esclava Agar. Abraham tenía entonces 86 años. Su hijo nació en el desierto, por donde Agar peregrinó con el niño, sin agua ni alimentos. En el desierto, un ángel le mostró el camino para encontrar un pozo de agua fresca y le sugirió que volviese a la casa de su antigua ama. Además, también a la esclava Agar le prometió una gran descendencia.

A partir de aquí el relato parece remitir a distintas fuentes orales que cristalizaron en el texto escrito. Lo que resulta bastante claro es el conflicto que se plantea. Dios había prometido descendencia numerosa a Abraham, pero éste sólo tenía un hijo que, además, no había sido engendrado por su mujer legítima, sino por una esclava de la propia Sara. ¿Dónde se había escondido Dios? En este punto, el guión toma otro rumbo. Llega, por fin, el anuncio del milagro.

En una nueva e importante epifanía, Dios se revela a Abraham en forma de tres caminantes que llegan a la puerta de su tienda. Abraham entiende que son mensajeros del Cielo y les ofrece su casa; les comunica que lavará sus pies y les dará de comer. Los tres hombres aceptan. Abraham ordena matar un becerro tierno y cebado, y pide a sus siervos que lo asen y lo aderecen con leche y manteca. Los tres se sientan a comer el asado bajo una encina. Abraham los contempla en pie, mientras ellos comen. Sara, por su parte, escucha detrás de la lona de la tienda. Uno de los mensajeros le dice a Abraham:

«Dentro de un año volveremos y tu mujer Sara habrá ya tenido un hijo». El texto bíblico subraya que «Abraham y Sara eran ya muy viejos» y que no se daba en Sara lo que se suele dar en las mujeres (Gén. 18, 11). Sara, entonces, comienza a reírse, pensando para sí: «¿Después de haber envejecido, voy a volver a sentir placer, siendo mi marido ya viejo?». Entonces interviene Dios y le pregunta a Abraham: «¿Por qué se ha reído Sara pensando que iba a ser madre tan vieja? ¿Es que hay algo difícil para el Señor? De aquí a un año volveré y Sara tendrá un hijo». Sara, que está escuchándolo todo, abandona el lugar y, con el miedo en el cuerpo, se excusa: «Yo no me he reído»; pero Dios, en figura de mensajero, insiste: «Sí, tú te has reído». Sara calla y no replica, y tal vez fue a ocultarse en lo profundo de su tienda.

LAS PERVERSAS HIJAS DE LOT

Mientras Sara esperaba ver cumplida la promesa de Dios y ansiaba que algún fruto se diera en su vientre, vuelve a aparecer en el relato Lot, el sobrino de Abraham. Se narra ahora el episodio de la destrucción de Sodoma y Gomorra: Dios incendia y convierte en polvo estas ciudades como castigo de sus pecados sexuales.

Abraham se había levantado temprano aquella mañana y pudo ver cómo se elevaban las columnas de humo y fuego que estaban acabando con las ciudades pecadoras. La Biblia afirma que Dios, al destruir Sodoma y Gomorra, se acordó de Abraham y salvó a Lot de la catástrofe, permitiéndole que huyera a las montañas. Le acompañaban sus dos hijas y se escondieron en una cueva. (Recuérdese que Lot había perdido a su esposa: en la huida de Sodoma y Gomorra, la mujer había vuelto la mirada para ver cómo ardían las ciudades, contra la prohibición de Dios, y Yahvéh la había convertido en estatua de sal; en Gén. 19, 23-26).

Estando en la gruta, las hijas de Lot pensaron que, entre guerras e incendios, la tierra se había quedado sin hombres que pudieran yacer con ellas y darles descendencia. Entonces, a la mayor se le ocurre una idea: «Nuestro padre es viejo; emborrachémoslo y acostémonos con él, y así tendremos descendencia de nuestro padre».

Aquella misma noche, las dos jóvenes prepararon un festín para su padre y lo emborracharon, y la mayor se acostó con él, sin que el padre se diera cuenta de nada. A la noche siguiente, la hija mayor le dijo a la menor que ella ya se había acostado con su padre y que, ahora, le correspondía a ella el turno: «Emborrachémosle también esta noche y tú te acuestas con él», le dijo. Y cuenta la Biblia que las dos hijas de Lot quedaron encinta de su padre.

La mayor llamó a su hijo Moab, y éste fue el padre de los moabitas; y la menor llamó al suyo Ben Ammí, y fue el padre de los amonitas. (El episodio de las hijas de Lot está en Gén. 19, 30 y siguientes).

¿Y Sara? Sara había conseguido tener relaciones con su marido, que había cumplido ya 99 años. ¿Estaba naciendo algo en sus entrañas? La Biblia así lo asegura: Abraham volvió a ser padre a los cien años, tras haber «conocido» otra vez a su mujer, también anciana, como él. Como Dios le había anunciado, antes del año, nació Isaac de la estéril Sara. Y, una vez más, ésta se lo toma con humor y le entra la risa. Según el texto sagrado, «dijo Sara: "Dios me ha hecho reír, y todos los que se enteren se van a reír como yo. ¿Quién le iba a decir a Abraham que Sara iba aún a amamantar a un hijo? Pues le he dado un hijo en su vejez». Y Abraham hizo una gran fiesta el día que Isaac fue destetado.

Pero otra vez atacaron los celos a Sara, y miró con recelo al hijo que su marido había tenido con la esclava Agar. Madre de Ismael, después de haber sido expulsada por Sara, Agar volvió otra vez a la casa de Abraham. El texto bíblico añade que los hermanastros estaban jugando juntos y que Sara, celosa, pidió a Abraham que la expulsara de nuevo, porque ella no estaba dispuesta a que el hijo de una esclava compartiera herencia con su hijo legítimo, Isaac. Abraham lamenta tan dura decisión, «pues se trataba de su hijo». Sara, en fin, gana la batalla y Agar tiene que abandonar la casa con su hijo a la espalda.

LA ESPELUZNANTE HISTORIA DE ISAAC

Pero no habían acabado los reveses para Abraham, que tuvo que ver huir de casa a su hijo Ismael y a su madre Agar, con quien lo había engendrado.

Yahvéh le reservaba al patriarca la «gran prueba». Según la Biblia, «Dios quiso probar a Abraham». Quiso probar su fe: una prueba suprema. Le pidió que tomara a su hijo Isaac, que no era más que un muchacho de unos doce años, y que se lo ofreciera en holocausto, en un monte que Él le indicaría. La terrible exigencia de Dios demuestra que, en tiempos de Abraham, existían aún los sacrificios humanos. (Los judíos abandonaron y prohibieron estas prácticas, aunque durante mucho tiempo siguieron en vigor en otros pueblos circundantes).

El texto literal de la Biblia es muy gráfico y dramático. Dice así: «Abraham se levantó de madrugada, aparejó su asno, tomó consigo dos criados y a su hijo Isaac; partió la leña para el holocausto y se encaminó al lugar que Dios le había indicado». Es fácil suponer lo que bullía en el alma del patriarca. ¿No se preguntaría acaso por qué Dios le estaba pidiendo semejante barbaridad? Después de tantos esfuerzos y milagros para que Sara concibiera a Isaac, ¿ahora tenía que matarlo? ¿Para qué tantas promesas? ¿Para qué tantas bendiciones? ¿Para qué proclamar tantas generaciones, numerosas como las estrellas, si ahora se veía obligado a sacrificar a su único hijo? ¿Cómo pudo ser que Abraham no comprendiera que el mensaje de Yahvéh era una perfecta locura? No lo entendió. Su fe en Dios era ciega. No había dudas ni rebeldías en su religiosidad.

Abraham, Isaac y los dos criados caminaron con la leña a cuestas del asno durante tres días, hasta que Abraham vislumbró el lugar que Dios le había indicado para sacrificar a su hijo. Antes de subir a la montaña, Abraham ordena a los dos esclavos que se queden en ese punto. Él subiría a la montaña sólo con su hijo, y allí, juntos, adorarían a Dios... y después, volverían. No quería que sus criados le vieran clavando el cuchillo en la garganta del hijo.

Tampoco utilizaron al asno para subir la leña. Abraham colocó los maderos en las espaldas del muchacho, y «después, tomó en sus manos el fuego y el cuchillo». El muchacho empezaba a mostrar su extrañeza ante aquel ritual. Sin duda, estaba acostumbrado a estos sacrificios y, probablemente, había visto en numerosas ocasiones a su padre y a sus amigos realizando estas ofrendas a Dios. Pero siempre habían llevado consigo terneros, ovejas o aves. Su padre subía ahora con él, llevando todo lo necesario para el sacrificio, incluso el cuchillo, pero faltaba la víctima. Isaac se atreve a comentar, tal vez presintiendo lo peor: «¡Padre!». Abraham respondió: «¿Qué quieres, hijo mío?». Abraham comprendió tal vez que su hijo sospechaba un acontecimiento singular y le respondió con gran cariño. Isaac pregunta sorprendido: «Estamos llevando el fuego y la leña, pero ¿dónde está el cordero para el holocausto?». Su padre le respondió, seguramente con un nudo en la garganta: «Dios proveerá del cordero, hijo mío». No dijo más y siguieron subiendo monte arriba.

Llegó el momento crucial. Abraham levantó un altar, preparó la leña, «ató a su hijo y lo puso sobre el altar encima de la leña. Luego tomó el cuchillo para sacrificarlo».

En este punto, son impresionantes las palabras lacónicas y carentes de toda emoción en el texto bíblico. Es esencial, terrible. Nada dice de la reacción del hijo cuando vio que su padre lo ataba y lo colocaba sobre la leña. El muchacho ya no tenía dudas: él era el objeto del sacrificio. Isaac vio a su padre empuñar el cuchillo que debería hundir en su garganta inocente. Nada dice el texto sobre si el niño se asustó, si gritó, si le suplicó al padre que no lo sacrificara. ¿Y su madre Sara? ¿Estaba al tanto de aquella locura? ¿Habían hablado ella y su marido al respecto? Y, en ese caso, ¿ella no habría intentado convencerlo de que aquello era horrible, que Dios no podía pedirles tamaña barbaridad que contradecía todas las promesas hechas hasta entonces? El texto sagrado calla, y el episodio se torna, así, aún más dramático.

Lo que sucedió a continuación es bien conocido. El ángel aparece y pronuncia aquellas famosas palabras: «¡Abraham, Abraham! No levantes tu mano sobre el muchacho, ni le hagas mal alguno. Ya veo que temes a Dios, porque no me has negado a tu hijo único». En aquel momento, enredado en las matas, apareció un carnero, para que Abraham pudiera sacrificarlo en vez de a su hijo. Y, en recompensa de su fe ciega en Dios, Abraham volvió a recibir del cielo la promesa de que su descendencia sería numerosa y poblaría la tierra. El texto no añade más. No explica la reacción de Isaac al ver que, finalmente, no iba a ser sacrificado, ni lo que ambos, padre e hijo, conversaron mientras descendían la montaña. (El dramático episodio del sacrificio de Isaac está en Gén. 22).

Menos conocido es que Abraham, después de tantas vicisitudes y con más de cien años de edad, volvió a casarse. Sara vivió hasta los 127 años. La nueva esposa del patriarca se llamaba Queturá, con la cual tuvo aún otros seis hijos: Zimrán, Yoksán, Medán, Madián, Ysbac y Súaj. La Biblia cuenta aún que Abraham dejó toda su herencia a su hijo Isaac, engendrado milagrosamente con su primera mujer, Sara, que era estéril. «A los hijos de sus concubinas les hizo algunas donaciones, y antes de morir los envió lejos de Isaac, hacia levante» (Gén. 25).

Abraham murió de viejo, a los 175 años de edad. Lo enterraron sus hijos Isaac e Ismael en la misma tumba de Sara. ¿Es que Ismael había regresado a la casa de Abraham tras haber sido expulsado con su madre, la esclava egipcia Agar, a quien Sara odiaba? Ya se ha advertido en otros lugares que, en la Biblia, historia y leyenda se entrelazan. Ésta es una prueba.

CAPÍTULO XXIV

Jacob

EL TRAPACERO

La historia de Jacob, hijo de Isaac y Rebeca, está íntimamente ligada a su condición de padre de los doce hijos que darían origen a las doce tribus de Israel. También la figura de Jacob, como la de otros grandes personajes bíblicos, ha sido mitificada. Tal y como lo presenta la Biblia —ya se advirtió que el texto sagrado nunca esconde las debilidades de las personas ni presenta a los personajes como héroes—, Jacob era más bien un trapacero que, con la connivencia de su madre Rebeca, engaña a su hermano mayor Esaú y arranca de su padre la bendición que lo convertía en heredero.

El profeta Oseas (Os. 12, 3-4) augura que Dios va a castigar a Jacob y le «va a dar la paga que merece su conducta», ya que, dice el profeta, «desde el seno materno agarró del talón a su hermano y de adulto peleó con Dios». También, en Isaías (Is. 43, 27 y sig.), Dios acusa a Jacob de haber pecado. Sin embargo, acaba perdonándolo, al igual que a su hermano Esaú, a quien Jacob había engañado. Uno de los castigos de Jacob fue el engaño que él mismo sufrió: su tío Labón lo hizo trabajar catorce años para conseguir como esposa a su hija Raquel, a quien Jacob amaba. El tío Labón, al cabo de siete años de trabajo, en vez de entregarle a Raquel, tal y como habían acordado, le dio como esposa a su otra hija, Lía, que era mayor que Raquel. Jacob se vengó de su tío trapicheando con sus rebaños y escapó de su casa para dirigirse a Canaán. Pero, al final, también se reconcilió con Labón.

Todo hace pensar que Jacob era impulsivo y caprichoso, y que quería conseguir pronto todo aquello que se le antojaba; también se deja entrever que asimismo tenía un buen corazón y sabía perdonar. Dios cambió a Jacob su nombre y lo llamó Israel, que significa 'luchar contra Dios'.

El episodio más conocido de la vida de Jacob tiene lugar cuando su hermano mayor, Esaú, le vende su primogenitura por un guisado de carne con lentejas. En realidad, ambos eran gemelos y ya se peleaban en el vientre de su madre Rebeca, que era estéril y Dios le hizo la gracia de poder concebir. A la hora de nacer, salió de su vientre antes Esaú y detrás, agarrándole por el talón, nació Jacob. Crecieron, y Esaú se hizo un experto cazador y hombre de campo, y Jacob era un hombre tranquilo y amante de la tierra. Su padre Isaac prefería a Esaú, porque, dice la Biblia, «la caza era plato de su gusto», mientras que la madre, Rebeca, prefería a Jacob.

Jacob era también un buen cocinero. Un día se preparó un buen potaje de lentejas. Su hermano Esaú, que era muy activo, había regresado a casa tras una dura jornada de caza y estaba cansado. Olfateó el guiso que se había hecho Jacob y le dijo: «Déjame comer eso rojo que tienes ahí pues estoy agotado». Jacob, que acabó siendo rico, pues era un buen negociador, a veces incluso sin demasiados escrúpulos, aprovechó enseguida el hambre de su hermano y le dijo: «Véndeme ahora mismo tu primogenitura». Esaú no dudó: «Estoy que me muero de hambre, ¿para qué me sirve la primogenitura?». Pero Jacob, buen comerciante, le pidió que antes «se lo jurase». Esaú se lo juró y, como es sabido, en la Biblia el juramento es inviolable. Su cumplimiento o incumplimiento pueden suponer la pena de muerte. Jacob le dejó comer el guiso y la Biblia dice que incluso le dio también pan, para que acompañara las lentejas. Acababa de hacer un buen negocio.

Esaú, a la edad de 40 años, se casó con Judit, hija del hitita Beeri, y con Basmat, hija del hitita Elón, y dichas mujeres, que eran paganas, amargaron la vida de Isaac y de Rebeca.

Y debió de ser por ello que Rebeca urdió la estratagema para arrancar de Isaac, antes de morir, la bendición para Jacob cuando debía dársela a Esaú, que era el primogénito. Dicha bendición suponía que Dios protegería a quien la recibía y, además, era irreversible y no podía darse dos veces.

Issac era ya muy anciano y se había quedado ciego. Llamó entonces a su hijo mayor Esaú, el cazador, y le dijo: «Yo soy viejo y no sé cuándo moriré. Toma tu aljaba y tu arco, sal al campo y tráeme algo de caza. Prepárame un guiso como a mí me gusta y tráemelo para que coma y te bendiga antes de morir». (Por lo visto, también Esaú era buen cocinero). Rebeca, su mujer, había estado escuchando a escondidas y aprovechó enseguida la ocasión. En cuanto Esaú salió al campo a cazar, Rebeca llamó a Jacob, le contó lo que había oído y le recomendó que siguiera en todo sus instrucciones. Le pidió que fuera al corral y que matara dos cabritos; aseguró que ella le prepararía a Isaac un guiso como a él le gustaba. (Está claro que en aquella casa todos cocinaban bien). Jacob llevaría el guiso a su padre y lograría la bendición de Isaac, que, anciano y ciego, lo confundiría con Esaú.

EL PELUDO Y EL LAMPIÑO

Para llevar a buen fin la estratagema de Rebeca había, sin embargo, un problema. Esaú era muy velludo y Jacob no tenía ni un pelo en su cuerpo. «Si mi padre me toca, se va a dar cuenta del engaño», comenta Jacob a su madre. Jacob no tiene escrúpulos. No le dice a su madre que él no debía cometer ese pecado contra su hermano: lo que verdaderamente le preocupa es que su padre descubra la trampa y acabe maldiciéndolo en vez de otorgarle su bendición. Y son bien conocidos los efectos terribles de las maldiciones de los padres contra los hijos en el mundo judío.

Su madre tampoco es una mujer apocada. Le dice que se fíe de ella: «Anda, vete y mata dos cabritos». ¿Tanto comían entonces? Preparado el guiso, Rebeca viste a Jacob con las mejores ropas de su hermano Esaú, para que Isaac pudiera sentir su perfume. Pero había otro problema. ¿Y si el padre tomaba sus manos para bendecirlo? Jacob era lampiño y sus manos no tenían pelos; las de Esaú eran peludas. Rebeca no se desanima. Toma las pieles de los cabritos recién sacrificados y forra con ellas las manos de Jacob.

El diálogo entre Isaac y Jacob es muy revelador. Jacob le presenta el guisado de carne y le pide su bendición. Primero le pregunta que cómo es posible que haya vuelto tan rápido de la caza. Y Jacob, con gran cinismo, le responde: «Porque Dios me ha puesto la caza enseguida en mis manos». Isaac sigue dudando y le dice: «Acércate, hijo mío, para que yo te palpe, a ver si eres mi hijo Esaú o no». Jacob se acercó y debió de hacerlo con el miedo en el cuerpo. Después de haberle palpado, le dijo Isaac: «Es curioso que la voz es de Jacob, pero las manos son de Esaú». Y levantó la mano para bendecirle. Pero aún dudó otra vez y volvió a preguntar: «¿Eres tú de verdad mi hijo Esaú?». Jacob le respondió que sí con aplomo. Entonces, su padre le dijo que antes de bendecirlo quería comer el guisado, quizá para ver si tenía el sabor de los que le cocinaba Esaú. Jacob le dio también vino. ¿Con qué intenciones? Lo cierto es que Isaac «comió y bebió». Después le pidió que se acercase más y que le besase. E Isaac, quizás más relajado por efecto del vino, no tuvo más dudas y lo bendijo con estas palabras: «Que los pueblos te sirvan y las naciones se inclinen hacia ti. Sé señor de tus hermanos e inclínense ante ti los hijos de tu madre. Maldito sea el que te maldiga y bendito el que te bendiga».

En ese instante, volvió Esaú. Se metió en la cocina, preparó el fuego y se dispuso a cocinar las piezas de caza al estilo que le gustaba a su padre. Al acercarse con la escudilla de comida, su padre se dio cuenta de que Jacob le había engañado. Esaú se puso «a gritar con gran fuerza su amargura». Intentó arrancarle otra bendición a su padre, pero éste le dijo que no había nada que hacer: «Tu hermano ha venido y se ha llevado con engaño tu bendición». Esaú estaba furioso y

protestó: «No por nada se llama Jacob; ya me ha suplanta-
do dos veces, se alzó con mi primogenitura y ahora se ha llevado mi bendición».

LA TRAMPA DE LAS OVEJAS PINTADAS

Dice el texto sagrado que «desde entonces, Esaú aborreció a
Jacob» (Gén. 27, 41) y se propuso matar a su hermano. Cuando su madre Rebeca conoció estos sentimientos, llamó aparte
a Jacob y le dijo que su hermano estaba tramando matarle. Le
aconsejó entonces que abandonara la casa por un tiempo: le
propuso que marchara a Paddán-Aram, con su tío Labán. Allí,
entre tío y sobrino, se entabla una curiosa relación en la que
ambos intentan engañarse mutuamente.

Labán le prometió a su hija menor, Raquel, si trabajaba
para él durante siete años con el ganado. Sin embargo, al cabo de los siete años le entregó a Lía, que era mayor, y «tenía
los ojos apagados». Jacob estaba furioso y Labán le sugirió
que si trabajaba para él otros siete años, le daría a Raquel.

Lía se vio despreciada porque era estéril, pero Dios la
premió concediéndole hijos. A Raquel, por el contrario, siendo más joven y probablemente también más bella —por lo
que se deduce del texto—, Dios le amargó los días con la esterilidad. Muerta de envidia, Raquel le pidió a Jacob que se
acostara con su esclava Bihlá: los hijos nacidos de la esclava
reposarían en su regazo. Jacob aceptó y, a partir de ese momento, procrea con Lía y con la esclava de Raquel.

Llegado el momento, Jacob quiso volver con sus mujeres,
siervas e hijos a su casa natal y así se lo pidió a Labán, pero éste no le dejó marchar y le prometió mejores pagas, a partir de
entonces, por su trabajo. Jacob, siempre buen negociante, le
respondió que no necesitaba pagarle nada y le hizo la siguiente
propuesta a su tío: «Yo pasaré hoy en medio de tus ganados y pondré aparte todas las ovejas negras y todas las cabras
manchadas. Esas reses serán mi salario. Si yo me apodero de
alguna no manchada, es que te he robado». Pero Jacob le en-

gañó. Dice la Biblia que «buscó varas verdes de árboles, almendro y plátano, las descortezó e hizo con ellas franjas blancas, dejando·así al descubierto lo blanco de las varas». ¿Para qué? Hizo lo siguiente: colocó aquellas varas descortezadas unas enfrente a otras en las pilas y abrevaderos adonde iban a beber los ganados y dice la Biblia que «así, apareándose delante de las varas, engendraban y parían crías rayadas o manchadas».

Hizo más: «Puso aparte las ovejas y las apareó con machos negros o manchados del rebaño de Labán; de este modo se hizo un rebaño propio separándolo del rebaño del tío. Cuando las reses robustas se encelaban, Jacob ponía las varas delante de ellas para que se apareasen a la vista de ellas. Pero ante las débiles no las ponía. Y así las crías débiles eran para Labán y las robustas eran para Jacob». De este modo, continúa la Biblia, «Jacob se enriqueció enormemente y tuvo numerosos rebaños, esclavos y esclavas, asnos y asnas». ¿Cómo reaccionó su tío ante este engaño? La Biblia dice que los hijos de Labán comenzaban a murmurar que Jacob había acabado apoderándose de los rebaños del padre y Labán comenzó a mirar con malos ojos a Jacob y a su familia. Pero éste, con gran desparpajo, les dijo a sus primos que había sido Dios quien, al cruzarse los animales, les había hecho nacer manchados. O sea, un milagro.

Pero lo cierto es que Dios no tomó en demasiada consideración las trapacerías de su siervo Jacob. Lo había escogido para que sus doce hijos dieran vida a las doce tribus de Israel y seguía protegiéndole a pesar de todo. Se le aparecía en sueños, le prometía multiplicar su descendencia y le aseguró que conquistaría la tierra de Canaán. Jacob, mientras tanto, escapó de la casa de Labán con todos sus ganados. Cuando el tío se percató de la huida, lo persiguió para que le devolviera las reses, pero, al encontrarse con él, se dio cuenta de que Dios protegía a Jacob y nada podía hacer. Esaú también se reconcilia con su hermano Jacob, el cual le ofrece la mitad de los rebaños que había usurpado a su tío. La promesa de ayuda divina y la constatación de una elección celestial resulta operativa. Todo ello guarda relación con la teología bíblica, según la cual es Dios quien escoge a los suyos y, a pesar de sus pecados, no les abandona.

LOS PREPUCIOS

Jacob y Esaú, divididos los rebaños, se separan. Jacob llega a la ciudad de Sikem donde acampa con los suyos. Compra por cien monedas de plata el trozo de tierra donde había plantado sus tiendas y levanta un altar al que llama «Él», el nombre del Dios de Israel. Después de montar la tienda, Diná, la hija que Lía había dado a Jacob, salió a pasear por la ciudad. El príncipe de aquella tierra era Jamor y su hijo Siquén se enamoró a primera vista de la hija de Jacob; dice la Biblia que «la raptó, la violó y durmió con ella». Al día siguiente, el príncipe pidió a su padre que se la diera por mujer, pero los hijos de Jacob se indignaron porque había violado y humillado a Diná. El príncipe sugirió a Jacob que le concedería la dote que quisiera a cambio de que Diná se casara con Siquén. Y le hizo además otra propuesta: «Dadnos a todas vuestras mujeres, nosotros os daremos las nuestras»; la intención, por tanto, era formar un solo pueblo.

¿Cuál fue la respuesta de Jacob y sus hijos? Tramaron un engaño —Jacob era experto en argucias—. Los hombres de Jacob aseguraron que no podían dar en matrimonio a Diná a un incircunciso; si querían, el príncipe tenía que circuncidarse, y si pretendían reunir las mujeres de la tribu de Jacob y las mujeres de Siquén, era imprescindible que todos los varones fueran circuncidados. Siquén, el hijo del príncipe, estaba tan enamorado que no dudó un instante y permitió que le cortaran el prepucio. El príncipe habló a los varones de la ciudad y les convenció: también ellos habrían de circuncidarse si querían gozar de las mujeres del clan de Jacob y formar así un «solo pueblo». Dicho y hecho. Aquella misma tarde todos los varones del pueblo se cortaron el prepucio.

¿Eso fue todo? En absoluto. Dice la Biblia que al tercer día, cuando el dolor de los varones circuncidados era mayor, dos de los hijos de Jacob, Simeón y Leví, hermanos de Diná, tomaron cada uno su espada, entraron a mansalva en la ciudad y mataron a todos los varones. Pasaron por la espada al rey Jamor y a su hijo, el príncipe Siquem, recuperaron a Diná y se marcharon. Pero antes, dice el texto, «los hijos de Jacob remataron a todos los heridos y saquearon la ciudad por haber deshonrado a su hermana. Se apoderaron de sus ovejas, vacas y asnos, de todo cuanto había en la ciudad y en el campo y de todos sus bienes; se llevaron prisioneros a todos los niños y a las mujeres y saquearon todo lo que había en las casas» (Gén. 34, 24 y sig.).

Jacob, después de la matanza, tuvo miedo. Se arrepintió de lo que habían hecho sus hijos porque, pensaba, todos los pueblos se unirían ahora contra él y lo aniquilarían. Pero, una vez más, el Dios que preparaba a su pueblo escogido a través de Jacob salió en su defensa. Yahvéh olvidó —de nuevo— todas las fechorías de su «siervo» y le prometió ayuda.

Dios le pide a Jacob que se dirija a la ciudad de Betel y que levante allí un altar. Aquel Dios era ya un Dios único y celoso. Y exige que la familia de Jacob se deshaga de todos los dioses paganos que portaban consigo. «Ellos dieron a Jacob todos los dioses extranjeros que poseían, todos los anillos que llevaban en las orejas y Jacob los enterró debajo de la encina que hay cerca de Siquén», dice la Biblia.

José, el soñador

Dios sigue bendiciendo y probando al mismo tiempo a Jacob: lo preparaba para ser el padre de las doce tribus del futuro Israel. Su hijo menor, José, era un soñador. Mientras, a sus 17 años, pastorea los ganados, tiene sueños que son la envidia de sus hermanos mayores. En uno de aquellos arrebatos oníricos, al parecer, pudo ver a todos los hermanos atando gavillas de grano en el campo: la gavilla de José se ponía de pie y las de sus hermanos se inclinaban ante la suya. Furiosos, los hermanos le preguntaron: «¿Es que vas a ser tú nuestro rey?». Y dice la Biblia que «lo odiaban».

Pero José seguía con sus sueños. En otra ocasión, vio cómo el sol, la luna y las estrellas se inclinaban ante él. Era el colmo. Sus hermanos deciden matarlo. Porque, además, José era el preferido de Jacob, porque «era el hijo de su ancianidad»; Jacob también había entregado a su hijo predilecto una túnica con mangas largas, que debía de ser, entonces, un atuendo muy especial. «Sus hermanos vieron que su padre lo amaba más que a todos ellos y le cobraron tal odio que no podían hablarle con cariño», dice el Génesis (37, 1 y siguientes).

Y así tramaron su muerte. Fueron al campo, lo encontraron y decidieron arrojarlo a una cisterna; pretendían decir a su padre que lo había devorado una fiera. Sin embargo, Rubén, uno de los hermanos, les convenció de que era mejor no acabar con la vida de José, pues Dios castigaría aquel fratricidio. Propuso arrojarlo a la cisterna, sin matarle, y dejarlo allí. Así lo hicieron. Le quitaron la túnica, objeto de la envidia, lo desnudaron y lo echaron a una cisterna vacía, sin agua. Y se pusieron a almorzar. En ese momento pasó por allí una caravana de ismaelitas. Esta vez, Judá, para evitar que José muriera, sugirió a los hermanos vender a José a aquellos hombres. Lo vendieron por veinte monedas de plata.

Y, ahora, ¿qué iban a decir a su padre Jacob? Tramaron un engaño. Tomaron un cabrito, lo mataron y mancharon la túnica de José con sangre; dijeron a su padre que lo había devorado una fiera. Esta vez Jacob cayó en la trampa y ya no se rehízo de su dolor. Prometió mantener luto por su hijo amado hasta su muerte. Y, con este gran dolor, acaba prácticamente la historia de Jacob y comienza la de José. Éste fue vendido a Putifar, eunuco del faraón de Egipto y capitán de la guardia.

Jacob aparece sólo al final de la historia de José, cuando éste se hace famoso en Egipto tras haber interpretado los sueños del faraón. Al final, José acaba no sólo perdonando a sus hermanos sino salvándoles del hambre que abatió a Egipto.

Y quiso que su padre, el anciano Jacob, pasara los últimos quince años de su vida en Egipto con él.

Cuando estaba a punto de morir, Jacob le dijo a José: «Yo me voy a morir; pero Dios estará con vosotros y os llevará de nuevo a la tierra de vuestros padres». Después reunió a sus doce hijos y les dijo: «Juntaos, que os voy a decir lo que será de vosotros, en los días venideros». Y Jacob pronuncia entonces, en verso, una bendición, profetizando el futuro de cada uno de sus vástagos. Dicho poema se considera la pieza literaria más importante de toda la Biblia (Gén. 49, 1-27).

Hasta el último momento, Jacob sigue prefiriendo a José, su hijo menor, el gran soñador, a quien bendice con estas palabras:

> Ramo de vid fecunda, es José,
> ramo de vid frondosa
> junto a la fuente,
> cuyos vástagos se extienden sobre el muro.
> Le han provocado,
> le han disparado flechas,
> le han hostigado los arqueros;
> pero su arco permanece firme,
> y ágiles las manos
> del Fuerte de Jacob,
> gracias al nombre del Pastor,
> la Roca de Israel.

Capítulo XXV

Moisés

De pastor de cabras a líder de los judíos

Sin duda, Moisés fue el gran líder de Israel, a pesar de que algunos pongan en tela de juicio incluso su existencia, quizá por las numerosas contradicciones sobre su vida que aparecen en los diversos textos de la Biblia. La gesta más importante de Moisés se refiere a su esfuerzo por sacar al pueblo de Israel de la esclavitud en Egipto y conducirlo con mano firme y fe en Yahvéh, a través del desierto, durante cuarenta largos años.

La vida de Moisés es una novela. Nacido en Egipto, de padres judíos, vivió escondido durante un tiempo para evitar que lo mataran. Su madre lo abandonó entre los juncos del Nilo, en una cestita de mimbre cubierta de betún y pez, argumento que recuerda la escena del Arca de Noé. La hermanita de Moisés se quedó cerca para ver lo que ocurría. Al poco tiempo pasó la hija del faraón, que iba a tomar un baño en el río. «Al ver la cesta en medio de los juncos», dice la Biblia, «mandó a una de las doncellas a recogerla, la abrió y vio al pequeño, que estaba llorando. Compadecida de él, dijo: "Éste es un hijo de los hebreos."»

En ese momento, la hermana de Moisés se le acercó y le ofreció una nodriza hebrea para que criara al niño. La hija del faraón aceptó. ¿Qué hizo la hermanita de Moisés? Llamar a su propia madre. La hija del faraón le pidió que lo criara y le aseguró que le pagaría por su trabajo. La madre de Moisés sabía que no podía quedarse con su hijo y, una vez criado, se lo llevó a la hija del faraón. La princesa lo adoptó y le puso el nombre de Moisés, que, según la Biblia, significa «salvado de las aguas».

Sin duda, este episodio de Moisés salvado de las aguas del Nilo es el más popular. Y, sin embargo, con toda probabilidad, es el episodio menos histórico y el más cercano a la leyenda. En efecto, el mito de un niño abandonado que acaba siendo un gran personaje recorre la cultura occidental, desde Mesopotamia a Roma: lo mismo se dice de Hércules, de Rómulo y Remo, fundadores de Roma y amamantados por una loba, e incluso de Jesús de Nazaret, salvado de la furia del rey Herodes, que quería matarlo.

El futuro caudillo de Israel recibió educación real y estaba preparado para liderar a su pueblo oprimido. Pero un percance lo obligó a escapar y a huir del país. Viendo cómo un egipcio daba una paliza a un judío, Moisés no lo pudo tolerar y mató al egipcio. El futuro líder de Israel se refugió en Madián, un pueblo tribal del que se conoce muy poco. Es una tierra de la que sólo se habla en la Biblia pues no se conocen de ella vestigios arqueológicos. Allí Séfora le dio dos hijos, Gérson y Eliezer, que no pasaron a la historia.

Moisés, tras su huida, era tan pobre que se ganaba la vida pastoreando el rebaño de cabras de su suegro cerca de Horeb, el famoso monte Sinaí, lugar que nunca ha sido encontrado y que fue donde, según la Biblia, Dios confió a Moisés las Tablas de la Ley con los Diez Mandamientos.

Mientras corría tras las cabras y ovejas de su suegro, Yahvéh se reveló al joven pastor, en forma de zarza ardiendo, y le pidió que regresara a Egipto y liberase a los hebreos de la tiranía del faraón. Se trata de uno de los textos bíblicos más interesantes: Dios revela a Moisés su verdadero nombre. «Yo soy el que soy», le dice cuando Moisés le pregunta por su nombre.

Al acercarse a la zarza ardiendo, Dios le ordena que se descalce, porque estaba en tierra sagrada. Y le habla así al pastor: «He visto la opresión de mi pueblo en Egipto, he oído el clamor que le arranca su opresión y conozco sus angustias. Voy a bajar a liberarlo de las manos de los egipcios, a sacarlo de aquella tierra y a llevarlo a una tierra buena y espaciosa, a una tierra donde mana leche y miel». Y añade: «Anda, yo te envío al faraón para sacar de Egipto a los hijos de Israel».

«PERO ¿QUIÉN SOY YO?»

Como otros patriarcas y profetas, Moisés no puso en duda ni un momento que se había tratado de una verdadera aparición de la divinidad y conversa con Dios. Le pregunta con todo derecho: «¿Pero quién soy yo para ir al faraón y pedirle que saque de Egipto a los israelitas?». Tenía razón. Era un pobre pastor: ni siquiera pastoreaba su propio rebaño, sino el de su suegro; era un fugitivo de Egipto acusado de homicidio. Pero Dios insiste: «Yo estaré contigo». Moisés sigue preocupado: «No me van a creer ni van a escuchar mi voz, sino que dirán que no es verdad que se me ha aparecido el Señor».

Los pasajes inmediatos parecen efectos cinematográficos. Yahvéh trata de convencer a Moisés de que, con la fuerza de Dios, podrá realizar lo que se le pide. «¿Qué tienes en tu mano?», pregunta Dios. «Un bastón», responde Moisés. El Señor le dijo: «Tíralo a tierra». Él lo arrojó al suelo y el bastón se convirtió en una serpiente. Como era lógico, Moisés, asustado, «huyó». Dios le dice que regrese y le sugiere: «Alarga tu mano y toma a la serpiente por la cola». Moisés, dice la Biblia, la tomó con su mano y la serpiente volvió a convertirse en bastón. «Esto es para que crean que se te ha aparecido el Señor, Dios de tus padres, Dios de Abraham, de Isaac y de Jacob».

Pero, por si Moisés aún dudaba, Dios prosiguió con sus milagros, más parecidos realmente a juegos de prestidigitación: «Mete tu mano en el pecho», le dice. Moisés la metió y cuando la sacó «estaba cubierta de lepra, blanca como la nieve». Luego le dijo: «Vuelve a meter la mano en tu pecho», y cuando la sacó, volvía a estar sana. Entonces, Dios le explica:

«Si los israelitas no te hacen caso al primer prodigio, te creerán por el segundo; y si no te creen ni te hacen caso por ninguno de los dos, toma agua del río y derrámala por el suelo; el agua así derramada en el suelo se convertirá en sangre» (Éx. 4, 8-10).

Moisés, ante aquel juego de prodigios, parecía más bien un aprendiz de brujo que tiembla ante su maestro cuando éste le pide que intente los juegos de prestidigitación. E insiste: «Señor, pero es que yo no tengo facilidad de palabra, ni antes ni después de que tú hablaras a tu siervo; soy tardo en el hablar y torpe de lengua». Moisés intenta escabullirse de aquella difícil misión y alega que no sabe hablar.

Dios insiste, con paciencia, y le pregunta: «¿Quién ha dado al hombre la boca y quién le hace sordo y mudo, vidente y ciego? ¿No soy yo, acaso, el Señor? Anda, yo estaré en tu boca y te enseñaré lo que has de decir». Pero Moisés seguía sin estar convencido. Tenía miedo de que los hebreos se pudieran reír de él y no estaba seguro de ser capaz de convertir su cayado en una serpiente viva. Dice Moisés a Yahvéh: «Mira, envía a quien quieras enviar», o, lo que es lo mismo: «Búscate a otro, por favor, y déjame tranquilo».

Y, en este punto, el texto sagrado dice que Dios perdió la paciencia: «El Señor se encendió en cólera contra Moisés», afirma la Biblia. «¿No tienes a Aarón, el levita, tu hermano? Sé que él tiene facilidad de palabra. Mira, va a salir a tu encuentro, y al verte se alegrará. Tú le hablarás a él y pondrás tus palabras en su boca; yo estaré en tu boca y en la suya y os enseñaré lo que debéis hacer. Él hablará por ti al pueblo; él será para ti la boca, y tú serás para él un dios. Toma el bastón con el que realizarás los prodigios».

LOS MAGOS DEL FARAÓN

Moisés ya no luchará más con Dios. Debió de convencerse de que era inútil resistirse. Dios no cedía. Moisés pidió permiso a su suegro para regresar a Egipto y visitar a sus hermanos.

En el desierto, le sale al encuentro Aarón. Moisés le explica su misión. Acuden juntos a una reunión con los ancianos de Israel y, en contra de lo que temía Moisés, se convencen enseguida de los prodigios realizados por los enviados de Dios y «se postraron y adoraron» a Dios, que había decidido acabar con su destierro. Probablemente llevaban ya tanto tiempo en la esclavitud y era tan intenso el deseo de zafarse de sus cadenas que estaban dispuestos a escuchar a quien les prometiera —especialmente si lo hacía en nombre de Dios— que por fin iban a ser libres.

Moisés, sin embargo, tal vez no había previsto la resistencia del faraón: «¿Quién es el Señor para que yo obedezca a su voz y deje salir al pueblo de Israel?», dice cuando Moisés y Aarón exigen que libere a su pueblo. Los dos emisarios divinos, de todos modos, se lo habían pedido con una pequeña trampa. No le dijeron al faraón que les permitiera salir *definitivamente*, sino que les concediera unos días para ir a un lugar lejano a ofrecer sacrificios a su Dios. «Deja que vayamos al desierto, a tres jornadas de camino, para ofrecer sacrificios al Señor, no sea que nos castigue con peste o espada», dijeron, sin descubrir sus verdaderas intenciones: alejarse para siempre de Egipto.

El faraón debió de pensar que los hebreos únicamente pretendían evitar el trabajo. Y ordenó: «Cargadles de trabajo, pues son unos holgazanes». Los inspectores de los hebreos fueron a quejarse al faraón y denunciaron que se trataba a los obreros muy injustamente, incluso con castigos y golpes. El faraón despreció estas reclamaciones y les dijo: «Sois unos auténticos holgazanes y por eso decís: "Vayamos y ofrezcamos sacrificios al Señor"».

Los hebreos volvieron su mirada a Moisés y Aarón: les echaban en cara que, desde que realizaron sus promesas de liberación, sólo habían recibido más cargas y más castigos. Entonces, Moisés vuelve a hablar con Dios y le pide consejo: Yahvéh le sugiere que ejecute ante el faraón el prodigio del bastón que se convertía en serpiente. Así lo hizo Moisés, pero, para su sorpresa, el faraón hizo llamar a sus magos, los cuales repitieron el mismo prodigio con idénticos efectos. Aunque bien es cierto que la serpiente-bastón de Moisés devoró al resto de las serpientes-bastones de los magos.

Dios no cede. Le pide a Moisés que salga al encuentro del faraón, a orillas del Nilo, cuando el monarca quisiera bañarse. Con el bastón tocaría las aguas del río, se tornarían sangrientas y todos los peces morirían. Así lo hizo el enviado de Dios, pero el faraón de nuevo llamó a sus magos y éstos repitieron el prodigio. Y así continuó el duelo entre Dios, Moisés y el faraón, y se sucedieron otras plagas: las ranas que infestaron el país, los mosquitos, los tábanos, la peste sobre el ganado de los egipcios, sin que tocara a los ganados de los hebreos, las úlceras producidas por un puñado de cenizas lanzadas al viento... Ni siquiera los magos, llenos de úlceras, pudieron comparecer ante el faraón para realizar el mismo maleficio. Pero el faraón se negó a conceder el permiso a los hebreos para rendir culto a su dios en el desierto.

La séptima plaga cayó en forma de granizo y no dejó nada con vida. Viendo el faraón que el diluvio de granizo no cesaba y que estaba arrasando el país, le dijo a Moisés que aceptaba sus exigencias: permitiría a los hebreos que fuesen a orar en el desierto. Pero cuando la tormenta cesó, el faraón se retractó y no les dejó salir. Y Dios volvió a golpear, ahora con una plaga de langostas y, a continuación, con las tinieblas: durante tres días y tres noches nadie pudo ver nada. El faraón lamentaba los desastres que su tozudez causaba, pero no permitió la liberación del pueblo de Israel, que llevaba 430 años sufriendo la esclavitud en Egipto.

La plaga más cruel

Dios anunció a Moisés que enviaría una terrible plaga a Egipto, después de la cual el faraón no sólo permitiría que los judíos salieran de Egipto, sino que los expulsaría de las orillas del Nilo. Moisés lo anunció con estas palabras: «Esto dice el Señor: "A eso de la medianoche saldré por Egipto y morirá el primogénito de cada familia, desde el del faraón que se sienta en su trono hasta el primogénito de la esclava que trabaja en el molino, y todo primogénito de los animales. En todo Egipto se oirá un clamor inmenso, como no lo hubo antes ni lo habrá después, pero entre los israelitas, desde el hombre al animal, ni siquiera ladrará un perro, para que sepáis la diferencia que hace el Señor entre los egipcios y los israelitas"».

Dice el libro del Éxodo: «A medianoche, Dios mató a todos los primogénitos de Egipto, desde el primogénito del faraón, su sucesor en el trono, hasta el primogénito del esclavo recluido en la cárcel y a todos los primogénitos de los animales». Y afirma el texto que el faraón se levantó de noche y «hubo llanto general en Egipto porque no había casa donde no hubiera un muerto». El faraón llamó a Moisés y a Aarón y, entre la rabia y el miedo, les dijo que se fueran todos al desierto y se llevaran todos los animales y que lo bendijeran también a él.

Los egipcios, ahora, tenían prisa y pedían que se fueran los hebreos «antes de que muramos todos». Los israelitas aprovecharon la circunstancia y exigieron a los egipcios objetos de oro y plata y vestidos, tal y como les había aconsejado Dios. Y los egipcios, deseosos de que aquellos judíos se fueran tan pronto como fuera posible, les entregaron todo.

La noche anterior al éxodo tuvo lugar la famosa celebración de la Pascua judía, que se perpetuó durante miles de años y que simboliza la liberación de la esclavitud. Porque Dios, para salvar a los primogénitos de los judíos, había pedido que sellaran con sangre la puerta de sus casas. Así Dios pasaría de largo por las puertas de los judíos, dejando vivos a los primogénitos de las casas selladas con sangre.

Cuando los israelitas salieron por fin de Egipto, Dios pidió a Moisés que evitaran la región de los filisteos, que era el camino más corto, y les recomendó que dieran un rodeo por el camino del desierto hacia el Mar Rojo. Pero la Biblia reproduce en este punto unas palabras misteriosas, como en muchas otras ocasiones, que revelan un Dios curioso y difícil de entender. «Yo endureceré el corazón del faraón para que os persiga». ¿Por qué? Después de tanto trabajo para convencer al faraón, ¿por qué Dios tiene la necesidad de provocar una nueva persecución? Probablemente se trataba de una demostración de fuerza: a pesar de todas las persecuciones, Dios era más fuerte y los hebreos abandonarían Egipto para siempre. Y así fue.

Dios endureció el corazón del faraón, que se arrepintió de haber dejado salir a los hebreos, organizó seiscientos carros escogidos y les siguió hasta el desierto con todo su ejército.

Y aquí entran en juego todos los trucos divinos para confundir a los egipcios: levantó columnas de humo para desorientar a los perseguidores, frenaba las ruedas de sus carros, llegó, incluso, a separar las aguas del mar para que pasaran los hebreos y permitió que se cerrara el océano tras ellos, ahogando en los abismos a los ejércitos del faraón.

OLLAS DE CARNE... O MANÁ

Por fin, los egipcios, diezmadas sus tropas y asolada su patria por las diez plagas divinas, abandonan la persecución del pueblo escogido por Dios. Pero para los judíos comienza un nuevo calvario en el desierto, que se alargará durante más de cuarenta años. Es el principio, también, de la tragedia de Moisés, convertido en gran capitán de aquel pueblo: la Biblia asegura que componían la caravana unas 600000 personas, pero los especialistas han constatado que es un número exagerado. Como quiera que fuese, los judíos —en vez de bendecir a su guía por haberles sacado de Egipto— comienzan a murmurar de él; después protestan abiertamente e, incluso, se enfrentan al propio Moisés: exigían agua, aunque Moisés solía procurarles el preciado líquido golpeando con su bastón en las rocas, y lamentaban haberse quedado sin carne para asar y sin cebollas.

Así, se enfrentaban a Moisés y a Aarón diciendo: «Ojalá hubiéramos muerto a manos del faraón de Egipto, donde nos sentábamos junto a las ollas de carne y comíamos pan hasta saciarnos. Vosotros, en cambio, nos habéis traído a este desierto para hacer morir de hambre a toda esta muchedumbre» (Éx. 16, 3). Moisés, con la ayuda de Dios, hacía cuanto estaba en su mano para mitigar el hambre y la sed de su pueblo. Ahora les anuncia que va a caer cada día del cielo una comida llamada «maná», que podrán todos recoger, pero no almacenar para demostrar la fe en Dios que les dará ese alimento cada día. Nadie sabe bien en qué consistía aquel «maná». La Biblia explica que era «una cosa menuda, granulada, fina, como escarcha sobre la tierra». Los israelitas no sabían lo que era y Moisés les dijo: «Es el pan que el Señor os da para comer». En algunos lugares se habla de recoger aquel maná «a litros», por lo que podría entenderse que se derretía y se convertía en algo como leche. Lo cierto es que su sabor no debía de ser nada maravilloso, pues los israelitas siguieron murmurando y deseando los asados y las ollas de carne de Egipto.

Sin saber lo que de historia y de leyenda existe en toda la historia de Moisés, ya que nunca aparece el nombre del faraón, ni de todo ello se habla en otras fuentes históricas fuera de la Biblia, lo cierto es que ésta no existiría sin Moisés, a quien incluso se le atribuyen los libros más importantes como son los del Pentateuco. Moisés, histórico o legendario, posee una personalidad muy rica. Es sin duda un personaje cinematográfico con todos los elementos más interesantes.

Comenzando por su muerte, a los 130 años, sin conseguir llevar a su pueblo hasta la Tierra Prometida, no se sabe si por designio de Dios o por castigo por alguno de sus pecados, teniendo que vivir en el difícil equilibrio de escuchar la voz de un Dios difícil a veces de interpretar, y con la dificultad de apaciguar a su pueblo con nostalgia de Egipto y que hasta había caído en la tentación gravísima de fundir un becerro de oro para adorarlo, contradiciendo la ley más sagrada del Dios único de Israel que aborrecía todos los ídolos.

El nombre de Moisés quedará siempre ligado a la gran herencia ética mundial de los diez mandamientos que Dios le confió y que llevan siglos rigiendo el comportamiento de la humanidad. Mandamientos que hasta ahora nadie ha sido capaz de superar ni sustituir. Es la gran herencia judía a la humanidad, que más tarde recogería también el mundo cristiano en sus códices de moral.

Capítulo XXVI

David

EL REY GUERRERO FASCINADO POR LAS MUJERES

David fue, sin duda, el rey por excelencia de los judíos. Bajo su corona se unieron los dos reinos en lucha: Judá e Israel. Los cristianos lo ensalzaron hasta tal punto que incluso trataron de imponer la teoría —sin ningún fundamento científico— de que Jesús de Nazaret descendía de la estirpe de David, y llegaron a nombrarlo «hijo de David». De la familia de David debía nacer, en efecto, el Mesías, y para los cristianos Jesús era el Mesías anunciado por los profetas. Tenía que ser, por tanto, de la estirpe davídica. Tenía que nacer en Belén y no en Nazaret. Porque era en Belén y no en otro lugar donde, según el Antiguo Testamento, debería nacer el Mesías que esperaban los judíos.

David fue, ciertamente, un rey importante, un gran guerrero que nada temía. La iconografía lo presenta, cuando era joven, llevando en su zurrón de pastor un puñado de guijarros del río: los utilizó para lanzarlos con su honda contra la cabeza del gigante Goliat, el héroe de los filisteos, a quien se tenía por un guerrero invencible. De ahí la simpatía que David ha inspirado siempre.

A este singular carácter guerrero hay que añadir su amor por la música y la admiración que por él demostraban las mujeres. La Biblia dice que era «rubio, de ojos bonitos y buena apariencia», es decir, alto. Todo un galán. Cuando el joven David regresa a su patria tras dar muerte con su honda al gigante filisteo Goliat, dice la Biblia que «las mujeres salían de todas las ciudades de Israel, cantando y danzando ante el rey Saúl, al son de los tambores y arpas y con gritos de alegría. Gritaban y danzaban a coro: "Saúl mató mil, y David diez mil"».

El rey Saúl se enojó ante aquella predilección de las mujeres por David y dice el texto que, «a partir de entonces, Saúl miró a David con malos ojos». Comenzó a perseguirle e intentó darle muerte. Pero Dios había escogido a David para ser el símbolo del pacto de Yahvéh con Israel y seguía bendiciéndole mientras demostraba su aversión por el rey Saúl.

Quizá por todo eso, David ha sido uno de los personajes míticos de la Biblia y tanto los judíos como los cristianos han dejado de lado la parte más oscura de su personalidad y de su vida. Ello, en todo caso, no significa que la Biblia esconda nada de sus pecados y violencias. Las cuenta todas sin tapujos. Fueron las Iglesias las que ocultaron el lado pecaminoso de David, de quien el *Diccionario de teología bíblica* de Marietti destaca, por ejemplo, que fue un guerrero feroz y astuto, que se comportó como «jefe de una banda de malhechores».

En las batallas, actuaba sin piedad, era vengativo y capaz de matar o mandar matar sólo para adueñarse de una mujer bonita. Fue el caso, por ejemplo, de Betsabé. Dice la Biblia que «una tarde, levantándose de la cama, David fue a pasear por la terraza de su palacio. Desde allí vio a una mujer bañándose. Era muy bella. David pidió información sobre ella». La mujer deseada por David era Betsabé, esposa de Urías, un leal soldado del rey. David no lo pensó dos veces: pidió que le trajeran a aquella mujer, y dice el texto sagrado que «tuvo relaciones con ella cuando acababa de purificarse de sus reglas». Después de acostarse con ella, la mujer quedó embarazada. David, ciego de pasión, la quiso entonces en exclusiva. David no era hombre escrupuloso. Envió una carta a su general Joab en la que le pedía que enviase a Urías, esposo de Betsabé, al frente y que lo situase en primera fila, para que muriera lo antes posible. Antes quiso aún divertirse e invitó a Urías a cenar en su palacio y se emborrachó con él.

LA OBSESIÓN DEL REY SAÚL

Pero volvamos atrás un instante: la historia de los reyes de Israel comienza con Saúl. Dios había pedido al profeta Samuel que lo ungiera rey porque aquellas tribus errantes se sentían desprotegidas sin un jefe; la mayor parte de los pueblos gozaban de un monarca. Pero Yahvéh se arrepintió de su primera decisión (1 Sam. 15, 10 y sig.).

Dios había decidido que el nuevo soberano de Israel sería David. Y así, dejó de proteger a Saúl, e incluso le envía un espíritu maligno «que lo hace andar loco por casa». Tan loco que toma su espada e intenta matar a David, a quien había hecho su paje de honor tras la victoria contra Goliat. David esquiva la espada y se salva. Saúl, «que tenía miedo de David porque el Señor estaba con él», lo nombró entonces su comandante, pero ya sólo pensaba en deshacerse de él, ante el temor de que el pueblo, amante de David, acabara coronándolo rey.

Mical, una de las hijas del rey Saúl, se enamoró de David. Saúl vio en esta circunstancia la oportunidad propicia para acabar con su rival: pensaba que su hija le serviría de lazo para que los filisteos, eternos enemigos de Israel, lo mataran de una vez. Así, envió a sus siervos a David, ordenándoles que le dijeran que sería muy feliz entregándole a su hija, de modo que fuera su yerno. David respondió que él era un pobre pastor y que no podía pagar la dote. Saúl no se retractó y respondió que «el rey no quiere dote, que le bastan doscientos prepucios de los filisteos». David, entonces, se envalentona, aflora en él su sangre de guerrero y, ni corto ni perezoso, se va al enemigo, lo combate, mata a doscientos filisteos, les corta el prepucio y se los lleva al rey. Saúl le dio a Mical por esposa. Pero dice el texto del libro primero de Samuel que, «viendo Saúl que Dios estaba con David, le tuvo aún más miedo y fue su enemigo durante toda su vida».

La historia que sigue parece una novela policiaca. Saúl organizó todas las estratagemas posibles para matar a David. Llegó incluso a comunicarle a su hijo Jonatán la intención de matarlo como fuera. Pero Jonatán, sin ser mujer, también se había enamorado perdidamente de David y reveló las intenciones de su padre. Jonatán también ayudó a David en sus huidas, varias veces. En otra ocasión, fue la nueva mujer de David, Mical, la hija de Saúl, quien salvó a David de las iras de su padre «descolgándole por una ventana».

Saúl enloqueció en su intento de matar a David. El monarca supo, en un momento dado, que un grupo de sacerdotes estaba de parte de David y exigió a sus guardias que los mataran a todos. Los guerreros se negaron a ejecutar tal orden y, entonces, Saúl encarga el sangriento cometido a su servidor Doeg. Y éste lo cumplió. Doeg mató con la espada a 85 sacerdotes. Saúl quería más sangre y dice la Biblia que él mismo «pasó a espada a toda la ciudad sacerdotal de Nob: hombres y mujeres, niños, hasta de pecho, bueyes, asnos y ovejas».

Mientras tanto, David permanecía escondido en las montañas del desierto de Zif, huyendo con sus hombres de las iras de Saúl.

En cierta ocasión anunciaron a Saúl que los filisteos habían invadido el país y, olvidándose por el momento de David, emprendió la lucha contra sus enemigos. Pero cuando volvió de la batalla, otra vez la emprendió contra David, que pudo zafarse en último extremo en el desierto de En-Guedí.

Después, Saúl tomó consigo tres mil hombres, escogidos en todo Israel, y se fue en su persecución hacia las rocas de Gamuzas, convencido de que, en esta ocasión, acabaría de una vez por todas con su posible rival en el trono.

Cuando el rey Saúl tuvo una urgencia

Y allí sucede una escena verdaderamente humorística. Cerca de donde estaba David escondido, había un redil de ovejas y una cueva. Al rey le entraron en ese momento ganas de hacer sus necesidades y se metió en la cueva.

Pero dio la casualidad de que, en el fondo de aquella gruta, estaban escondidos David y los suyos. El rey Saúl debía de estar tan ocupado haciendo sus necesidades que no se percató de la presencia de David, quien, acercándose con sigilo al rey, cortó un trozo de su manto con la punta de la espada. Y no quiso matarle. Cuando el rey salió de la cueva, David le salió a su encuentro y le preguntó por qué insistía en querer matarle. «Hoy mismo has visto con tus propios ojos», le dice, «cómo el Señor te puso en mis manos en la cueva y no he querido matarte». Y mostrándole el trozo del manto que le había cortado mientras estaba concentrado haciendo sus necesidades, le dijo: «Mira la orla de tu manto en mi mano. Puesto que la he cortado y no te he matado, reconoce que no hay en mí maldad ni rebeldía». Y añade con cierta sorna: «¿A quién estás persiguiendo? ¿A un perro muerto? ¿A una pulga?»

Saúl, tal vez avergonzado por aquel suceso, renunció a su obsesión, por el momento, y le dijo: «Que el Señor te recompense el bien que has hecho hoy conmigo, pues me ha puesto en tus manos y no me has matado. Ahora sé ciertamente que reinarás sobre Israel y que la realeza de Israel será estable en tus manos. Júrame que no destruirás mi posteridad y que no harás desaparecer mi nombre de la casa de mi padre». David se lo juró. Pero la historia continúa.

También sobre la vida de David existen varias versiones que se deben, seguramente, a fuentes también diferentes. En el primer libro de Samuel, tras la reconciliación de Saúl y David, se da a entender que no todo acabó allí. David siguió teniendo miedo de Saúl y se le ocurrió refugiarse con sus hombres en la tierra de los filisteos, que habían sido sus enemigos. Y allí quiso hacer alarde de su fuerza y ferocidad. Dice la Biblia que «se apoderaba de ovejas, bueyes, asnos, camellos y vestidos». Y añade que «tal fue su manera de proceder durante todo el tiempo que permaneció en territorio filisteo». Lo que demuestra que el futuro rey de Israel y Judá no tenía muchos escrúpulos cuando se trataba de demostrar su sangre fría.

Al final, Saúl pierde la batalla. Tenía que ser así, pues el «guión bíblico» ya había anunciado desde el primer momento que a Yahvéh no le gustaba Saúl, mientras bendecía en todo a David, a pesar de su ferocidad. El Dios más antiguo de la Biblia, como ya pudo observarse en su conducta con Noé, es un ser curioso, con los mismos defectos de los hombres, entre los que cabe destacar su carácter caprichoso y arbitrario.

En una de las muchas ocasiones en que Saúl entabló batalla con los filisteos, sus hijos acabaron muertos y él herido. Entonces el rey dijo a su escudero: «Desvaina tu espada y traspásame con ella, no sea que vengan esos incircuncisos y se burlen de mí». Pero el escudero tuvo miedo de matar a su rey. Entonces Saúl tomó su espada y se echó sobre ella. Cuando el escudero vio muerto al rey, también él se echó sobre su espada y murieron juntos. Los filisteos acabaron cortando las cabezas del rey y de sus hijos muertos, y anunciaron a todos la buena noticia.

A partir de ese momento comienza la tarea de David para hacerse con el reino. En un primer momento, fue coronado rey uno de los hijos de Saúl, llamado Isbaal, que se había salvado en la refriega contra los filisteos. Tenía 40 años y reinó sólo dos años. Mientras tanto, David comenzó a reinar en Hebrón sobre la casa de Judá. Reinó siete años y seis meses. La guerra entre la casa de Saúl y la casa de David fue larga, según afirma la Biblia, pero «mientras la casa de David se iba fortaleciendo, la de Saúl se iba debilitando». El pueblo estaba con David: «Todo lo que hacía el rey le parecía bien al pueblo». La figura de David comenzaba a crecer y su conducta seguía siendo ambigua y caprichosa. Y nunca dudaba cuando se trataba de matar. Un día le llevaron la cabeza de Isbaal, el hijo de Saúl y nuevo rey de Israel. Lo habían matado a traición, mientras dormía, creyendo hacer un regalo a David. Pero éste se enfureció y ordenó a sus servidores que mataran allí mismo a los asesinos de Isbaal. Sus servidores conocían los gustos de David y no se limitaron a pasarlos por la espada. Dice la Biblia que «les cortaron las manos y los pies y los colgaron cerca de la piscina de Hebrón».

La pasión de David por las mujeres

Tras la muerte de Isbaal, ya nadie dudaba de que David habría de ser el rey del pueblo dividido: Judá e Israel. Se dice en el libro segundo de Samuel que «todas las tribus de Israel fueron a Hebrón para decir a David: "Mira, somos hueso de tus huesos y carne de tu carne. Ya antes, cuando aún reinaba Saúl, eras tú el que mandabas el ejército de Israel. El Señor te había dicho: tú apacentarás a mi pueblo de Israel"». Todos los ancianos de Israel fueron a Hebrón, a ver al rey; David hizo un pacto con ellos ante Dios y fue ungido como rey de Israel. El joven nuevo rey de Israel y de Judá tenía sólo 30 años y reinó hasta que cumplió los 70.

David siguió tomando concubinas y su pasión por las mujeres y por el amor no se apaciguó. A él se le atribuye el mayor canto de amor erótico de la Biblia, el Cantar de los Cantares, y muchos salmos. Se le tenía por poeta y músico. Sin duda, fue el rey que dio más brillo a Israel. Fue él quien unificó el reino de los judíos, quien trasladó el Arca de la Alianza a Jerusalén y quien construyó el primer Templo de la Ciudad Santa. Fue el rey por antonomasia, y consiguió, con sus conocidas artes de estadista, colocar como sucesor en el trono a su hijo Salomón, que mantuvo la fama de su reinado.

En el relato bíblico sobre la historia de David queda patente la tenacidad de Dios: bendice a David a toda costa, a pesar de sus excesos y de sus pecados. Pero el dios de aquel Israel era un dios severo que no perdonaba. Y aprovechó la debilidad de David: las mujeres.

Cuando David se apoderó de la joven Betsabé, esposa del soldado Urías, a quien mandó matar, como se dijo más arriba, Yahvéh vio la ocasión propicia para darle una lección. Yahvéh envió al profeta Natán ante David; el vidente le contó al rey una parábola emblemática —magistralmente narrada en el segundo libro de Samuel: «Había en la ciudad dos hombres, uno rico y otro pobre. El rico tenía ovejas y vacas en gran cantidad. El pobre no tenía nada; sólo una corderilla que había comprado. Él la había criado y había crecido con él, y con sus hijos; comía de su pan, bebía de su vaso y dormía en su seno. La tenía como a una hija. Llegó un huésped a casa del rico, y éste no quiso tomar de sus ovejas ni de sus bueyes para dar de comer al huésped. Robó la corderilla del hombre pobre y se la sirvió a su huésped». Y continúa el texto bíblico: «David montó en cólera contra aquel hombre y dijo a Natán: "Vive Dios que quien ha hecho tal cosa es digno de muerte, y pagará cuatro veces el valor de la corderilla por haber hecho esto y haber obrado sin piedad"». En ese momento, Natán replicó: «¡Tú eres ese hombre! Esto dice el Señor, Dios de Israel: "Yo te ungí por rey de Israel y te libré de las manos de Saúl; te he dado la casa de tu señor y puse en tus brazos las mujeres de tu señor y te he dado la casa de Israel y de Judá y, por si esto fuera poco, te añadí aún más. Entonces, ¿por qué has despreciado a Dios haciendo lo que le desagrada? Mataste con la espada a Urías, el hitita, y tomaste por esposa a su mujer. Tú lo mataste con la espada de los amonitas. Por eso no se apartará nunca de tu casa la espada"». Y le anuncia la venganza de Dios: «Esto dice Yahvéh: "Yo haré surgir el mal de tu propia casa; tomaré ante tus propios ojos a tus mujeres y se las daré a tu prójimo, que se acostará con tus mujeres a plena luz del sol. Tú lo has hecho en secreto, pero yo lo haré a la vista de todo Israel"».

David reconoce que ha pecado. Natán le dice que Dios lo va a perdonar y no morirá, pero que pagará su pecado con la muerte de su hijo, el que nació de su amor adúltero con Betsabé. Y así fue: el niño enfermó gravemente. De nada sirvieron las oraciones del rey, sus ayunos, la noche postrado en el suelo. A los siete días, su hijo murió. Pero en el mejor estilo bíblico, Dios siempre acaba compadeciéndose de sus hijos predilectos. Y tras haberle quitado a David el hijo de su pecado, permite el nacimiento de otro hijo de la misma mujer: su nombre, Salomón, que reinó tras la muerte de David, su padre. Dios siempre es fiel a su palabra. Y a David le había prometido su bendición desde el principio.

UNA JOVEN VIRGEN

El rey David se mantuvo fiel —hasta la tumba— a su carácter amoroso y mujeriego. Antes de morir y siendo ya muy anciano, como su cuerpo sin fuerzas no conseguía calentarse, sus vasallos pensaron que lo único que podría consolar al rey era la compañía de una joven que durmiera con él. «Vamos a buscar al rey una joven virgen que le asista, le cuide y duerma con él, para que le haga entrar en calor», se lee en el primer libro de los Reyes (1, 2 y sig.). La Biblia dice que la buscaron por todo el territorio de Israel. ¿Era tan difícil encontrar una joven virgen? Lo cierto es que la suerte recayó en Abisag, una joven sunamita; dice el Libro que «la joven era muy hermosa, cuidaba del rey y lo servía, pero no tuvo relaciones con él».

Es posible que muchas personas imaginen al rey David paseando por sus palacios de oro, coronado de diamantes y acompañado de cortes fastuosas y ejércitos poderosos. Tal vez lo imaginen en una Jerusalén rebosante de brillos y riquezas, templos y palacios lujosísimos.

No hubo nada de eso. Basta leer el relato bíblico con atención para entender que aquellos reinos de Israel y de Judá no eran más que un puñado de tribus a la deriva, sin patria, sin ciudades, siempre en guerra y siempre derrotados. Sus primeros reyes famosos, desde Saúl a David, eran poco más que unos muchachos valentones, siempre con ganas de pelea, hijos de pastores cuyos ejércitos no eran más que unos cientos de jóvenes dispuestos siempre a matar y a morir. Sus palacios no eran más que tiendas de beduinos. La misma ciudad de Jerusalén no era más que un pequeño poblado.

Ocurre con la historia de los patriarcas bíblicos y con aquellas ciudades ya míticas de las tribus semitas, como cuando de niños hemos vivido en una aldea rural y salimos de allí jóvenes. Mitificamos nuestro pueblo recordándolo como maravilloso y grande. Después, cuando volvemos un día de mayores, vemos que el río famoso no era más que un riachuelo, que el bosque detrás de casa no eran más que tres encinas viejas y que los personajes que nos parecían los ricos y sabidos del pueblo no eran más que unos señores de clase media baja un poco mejor vestidos que los que labraban la tierra y hacían el vino. Algo parecido nos pasa cuando de las clases de catecismo, donde nos cuentan las gestas de los personajes bíblicos, nos vamos a leer los textos originales.

Capítulo XXVII

Judit

La polémica heroína hebrea

Entre los libros de la Biblia que los judíos y protestantes consideran apócrifos figura el famoso libro de Judit, que la Iglesia católica tiene por inspirado y, por tanto, lo ha incluido en su Biblia. ¿Por qué? Es difícil saberlo, pero, sin duda, la historia de esa mujer hebrea posee características que podían gustar a la ortodoxia católica. Sobre todo, porque el relato bíblico narra la historia de una «viuda rica y piadosa», que «nunca se había vuelto a casar y era célibe»; además, esta mujer consiguió seducir y cortar la cabeza de Holofernes, el famoso guerrero de los asirios, que se preparaba para atacar a los hebreos. Judit nunca cayó en sus brazos. Esta mujer reunía entre sus virtudes dos piezas fundamentales para la Iglesia católica: la piedad y la castidad.

Ocurre que, junto a esas virtudes, la famosa heroína judía aparece, por otro lado, en el relato con características más bien discutibles que hacen de ella, a la vez, una mujer sin escrúpulos. Su objetivo es salvar a su pueblo de las iras de sus adversarios, los asirios; para conseguirlo, Judit aparece como una mujer calculadora, mentirosa, asesina y cruel, y sigue dos discutibles axiomas: «En la guerra vale todo» y «El fin justifica los medios». Pero es sabido que la Iglesia nunca fue pacifista, excepto en el alma de algunos de sus hijos, generalmente perseguidos o considerados en poco. La Iglesia ha defendido, en efecto, la llamada «guerra justa» y el Vaticano mantuvo hasta el pontificado de Pablo VI la pena de muerte dentro de sus muros. Y en cuanto a los fines que justifican los medios, la Iglesia, a pesar de ser, por ejemplo, tan contraria al aborto —lo considera un homicidio—, lo ha permitido en religiosas que habían concebido tras una violencia sexual.

De cualquier modo, la historia de Judit —una pequeña novela, en realidad— forma parte de la mentalidad popular emanada de la Biblia. Incluso los judíos, aunque no consideran que este libro merezca la consideración de texto revelado, ven en Judit a la famosa heroína que salvó a su pueblo de la ocupación adversaria con sus artes de seducción; estiman en ella su gran coraje y valoran su modo de enfrentarse al temible Holofernes, exponiéndose ella misma a la muerte. El libro parece deberse a la mano de un fariseo palestino, que lo escribió tal vez hacia el 120 a.C. en hebreo o en arameo, aunque sólo lo conocemos a través de la traducción griega de la Septuaginta.

Judit aparece como una mujer rica y bellísima que, tras haber perdido a su marido, vivió su viudedad en total castidad sin volver a tener relación con varón y dedicada a la oración. Tan piadosa fue que rezó hasta en el instante mismo en que cortaba con sus manos la cabeza de Holofernes. Su historia, que podría ser puramente literaria, tiene la finalidad teológica de demostrar que Dios protege a los humildes contra los poderosos y venga a los perseguidos mediante esta heroína, cuyo nombre, en hebreo, significa precisamente «judía».

La historia se sitúa en el reinado del gran Nabucodonosor, rey del poderoso imperio de Babilonia (605-562 a.C.). El babilonio decide atacar a Arfaxad, rey de Media que habitaba en Ecbatana, una ciudad a la que había cercado con una muralla de 35 metros de altura y 25 de anchura. Sobre las puertas de la ciudad se levantaban torres de cincuenta metros, apoyadas en cimientos de veinte metros.

Para entrar en Ecbatana, Nabucodonosor pide el apoyo de varios reinos colindantes, pero éstos se niegan a ir a la guerra con él. Entre ellos, se negó el reino de Judea. Nabucodonosor decide hacer la guerra con sus propias fuerzas y coloca a

Holofernes como jefe de su ejército: contaba con 120 000 guerreros y 12 000 arqueros de a caballo y se hizo, dice la Biblia, «con cantidades incontables de camellos, asnos y mulos,
acémilas e innumerables ovejas, bueyes y cabras para el abas-
tecimiento».

HOLOFERNES EN JUDEA

Nabucodonosor sugiere a Holofernes que no tenga compasión
con nadie, que arrase todos los pueblos que se habían negado a ser sus aliados: «Diles que se rindan», le ordena el rey,
«pues, de lo contrario, los heridos llenarán los valles y los cadáveres desbordarán los torrentes y los ríos». Y añade: «No
te compadezcas de los que no quieran rendirse; entrégalos a
la muerte y al pillaje. Lo juro por mi vida y por el poderío
de mi imperio».

Así, Holofernes sale con su ejército para vengar la ira
de su rey contra los pueblos de occidente que se habían negado a aliarse con él. Entre aquellos pueblos figuraba Judea,
el reino de los judíos, que resistió en la ciudad de Betulia, pero
a quienes Holofernes sitió con hambre y sed. Estaban, además, aterrorizados, porque acababan de volver del exilio de
Babilonia y habían restaurado el Templo de Jerusalén. ¿Qué
haría de ellos y de la Ciudad Santa el terrible Holofernes? No
les quedaba más remedio que resistir en tanto pudieran. Y dieron órdenes de vigilar desde las montañas de Samaria, Bejo-
rón, Belmain, Jericó, etcétera. El sumo sacerdote Joaquín les
pidió a los habitantes de la ciudad de Betulia que vigilasen
las pendientes de las montañas, pues eran el paso hacia Judea.

Los israelitas escucharon al sumo sacerdote «y se dirigieron fervorosamente a Dios y ayunaron rigurosamente».
Todos, «incluso los niños pequeñitos». Y los jornaleros y
esclavos «se pusieron cilicios en sus carnes». Y en Jerusalén
todos, ceñidos también sus cuerpos de cilicio y ayunando, «cubrieron sus turbantes de ceniza» y oraban a Dios para «que
velase por la casa de Israel».

Holofernes supo que los israelitas se preparaban para la guerra y quiso saber quiénes eran los habitantes de aquella tierra de Judea que adoraban a un solo Dios. Ajior, jefe de los amonitas, le informó cumplidamente. En la Biblia, Ajior da una lección magistral de la historia de los judíos. El amonita explica a Holofernes qué es el pueblo de Judea con una síntesis magnífica de la historia de Israel. «Este pueblo», dice Ajior, «desciende de los caldeos. Habitaron primero en Mesopotamia, porque no querían servir a los dioses de sus padres, a los dioses caldeos. Abandonaron el culto de sus padres y adoraron al Dios del cielo, al que reconocían. Arrojados por sus padres de la presencia de sus dioses, huyeron a Mesopotamia, donde residieron largo tiempo. Pero Dios les dijo que dejasen su residencia y se instalasen en la tierra de Canaán, y aquí llegaron y se llenaron de oro y plata y de gran cantidad de ganados. Después bajaron a Egipto, porque hubo un hambre general en Canaán. Allí permanecieron mientras hallaron comida. Y se multiplicaron hasta hacerse un pueblo numeroso. El rey de Egipto les forzó a hacer ladrillos, los humilló y los redujo a la condición de esclavos. Clamaron a su Dios, y Él llenó de plagas a Egipto, para las que no encontraba remedio. Los egipcios, entonces, los echaron de su tierra. Pero Dios secó el Mar Rojo ante ellos y los condujo hasta el Sinaí y Cadesbarne. Rechazaron a todos los habitantes del desierto, habitaron luego en el país de los amorreos y con su poder acabaron con todos los jesbonitas. Pasaron el Jordán y ocuparon la región montañosa y echaron de allí a los cananeos, fereceos y jabuseos, a los siquemitas y a todos los guirgaseos, y durante mucho tiempo habitaron en esta región, mientras no ofendieron a Dios. Pero cuando se apartaron del camino que Dios les había trazado, gran número pereció en diversas batallas y fueron desterrados a tierras extrañas, el Templo de Dios fue destruido y sus ciudades tomadas por los enemigos. Pero cuando se convirtieron de nuevo a su Dios, volvieron a tomar posesión de Jerusalén, donde está su santuario, y habitaron la región montañosa, que estaba libre».

LA BELLA VIUDA HEBREA

Después de esta síntesis magistral de la historia de Israel, Ajior advierte a Holofernes con estas palabras: «Así, pues, poderoso señor, si hay algún delito en este pueblo, si han pecado contra su Dios, si existe algún motivo de caída, sepámoslo; y, entonces, adelante, y los venceremos. Pero si no hay iniquidad en esta gente, que se abstenga mi señor; porque si su Señor y Dios está con ellos, serviremos de irritación a toda la tierra».

Fue la sentencia de muerte de Ajior. Todos a su alrededor protestaron contra lo que acababa de decir y «querían despedazarlo» mientras decían: «No tememos a los israelitas, pues son un pueblo sin fuerza y sin poder para una lucha dura». Apaciguando el tumulto, Holofernes se dirigió con dureza a Ajior: «¿Quién eres tú para intentar persuadirnos de no pelear contra Israel, pretextando que Dios lo protege? ¿Es que existe otro Dios fuera de Nabucodonosor? Él nos dará su fuerza y los exterminará de la faz de la tierra, sin que pueda librarlos su Dios». Y continuó: «Los quemaremos a todos, sus montañas chorrearán sangre y sus llanuras serán cementerios».

Holofernes ordenó que ataran a Ajior y lo llevaran al lugar donde estaban atrincherados los israelitas, en Betulia, pensando que allí iba a morir. Pero los israelitas lo desataron y lo llevaron a Ozías, que era el jefe de la ciudad. Ozías le ofreció un banquete en su casa y Ajior les contó a todos lo furioso que estaba Holofernes con ellos. Y juntos rezaron aquella noche al Dios de Israel.

El cerco de los asirios de Holofernes duró 34 días. El agua se racionó. Los niños se desmayaban y las mujeres caían muertas en la calle. En este punto, el pueblo se sublevó contra Ozías y pedían que se rindiera ante Holofernes: «Seremos sus esclavos», decían, «pero viviremos y no veremos morir a nuestros niños, ni perecer a nuestras mujeres y jóvenes». Ozías les pide que resistan aún cinco días, pues está seguro de que Dios acabará socorriéndoles. De lo contrario, transcurridos los cinco días, entregaría la ciudad al enemigo, como pedían.

Y aquí entra en escena Judit, «viuda desde hacía tres años y cuatro meses», que «era muy bella y de aspecto encantador», dice la Biblia. «Su marido, Manasés, le había dejado muchas riquezas, criados y criadas, ganados y campos, y ella los administraba. Nadie podía hablar mal de ella pues era muy temerosa de Dios». Su marido había muerto de insolación mientras segaba la cebada y ella vivía desde entonces en una habitación que se había hecho en la terraza de la casa. «Vestía un áspero sayal y siempre iba de luto. Desde que estaba viuda, Judit ayunaba todos los días, excepto los sábados y sus vísperas».

Judit supo lo que ocurría en la ciudad e hizo llamar a los gobernantes: les recriminó su falta de fe en Dios. Les pidió que no forzaran la voluntad del Señor, «pues Dios no es como un hombre al que se puede amenazar y presionar». ¿Cómo podían ellos pretender entender a Dios si ni siquiera eran capaces «de escrutar el fondo del corazón humano ni penetrar en los pensamientos de su mente»? Ozías, el jefe de la ciudad, tras haberla escuchado, se rinde y le dice: «Pide por nosotros a Dios, tú que eres una mujer piadosa, y el Señor nos enviará lluvia abundante para llenar nuestras cisternas y que no perezcamos».

La espía

Judit anuncia a los ancianos y jefes de Betulia que va a realizar una hazaña «que se recordará de generación en generación a los hijos de nuestra raza». Pero no desvela sus planes. Les dice sólo que, esa misma noche, ella y su esclava van a salir de la ciudad y que antes de que se cumpla el plazo para entregarse, Dios habrá salvado a su pueblo. Judit cae en oración, se cubre la cabeza de ceniza, «en la misma hora en que en Jerusalén se ofrecía el incienso de la tarde en el Templo de Dios». Le pide a Dios que, puesto que los asirios «se han crecido con su poder, se han enorgullecido de sus caballos y jinetes [...], confían en la espada y en la jabalina, en el arco y en la honda, pero no quieren reconocer que tú eres el Señor, que decide las guerras», que «deshaga su fuerza con su poder y humille su dominio con su ira, pues pretenden profanar su santuario».

Le dice a Dios: «Mira su orgullo, descarga tu ira sobre sus cabezas y da a mi mano de viuda la fuerza precisa» y le pide: «Acaba con su fanfarronería por medio de mi mano de mujer [...] ya que tú eres el Dios de los humildes, socorro de los oprimidos, protector de los débiles, defensor de los abandonados, salvador de los desesperanzados».

Judit ha concebido un plan: usará sus artes femeninas, su seducción y su belleza para llegar hasta la tienda del poderoso y cruel Holofernes y cortarle la cabeza. La hazaña no era fácil. Para llevarla a cabo, Judit tendrá que mentir y no tener escrúpulos en quebrantar uno de los mandamientos fundamentales de la Ley que Dios entregó a Moisés: «No matarás». Dice el texto que, acabada su oración, Judit bajó con su doncella a las habitaciones donde vivía los sábados y domingos, «se despojó de sus vestidos de viuda, se quitó el áspero sayal que llevaba puesto, se bañó y se perfumó, se peinó, se ciñó la cabeza con un turbante y se adornó con los vestidos de fiesta que solía ponerse cuando vivía su esposo Manasés, se calzó las sandalias, se cubrió de collares, ajorcas, anillos, pendientes y de todas sus joyas».

Tan bella estaba que atraería las miradas de todos los hombres que encontraba. «Entregó a su doncella una bota de vino y un tarro de aceite, llenó las alforjas con panes de cebada, tortas de higos y panes rituales, lo envolvió todo y se lo entregó». Y se pusieron en camino tras haber pedido que le abrieran las puertas de la ciudad.

Los centinelas asirios detuvieron a Judit y a su esclava, y quisieron saber adónde se dirigían: «Soy una hebrea que huye de los hebreos», les dijo, y añadió: «Voy a presentarme a Holofernes, general jefe de vuestro ejército, para ofrecerle información secreta. Yo le enseñaré el camino para apoderarse de toda la montaña, sin perder ni un solo hombre». Estaba proponiendo una traición a su pueblo. Y lo hizo con aplomo, hasta el punto que los centinelas dudaron de sus palabras y pusieron cien soldados para que la acompañaran hasta la tienda del general. Dice el texto que «la noticia se propagó de tienda en tienda; de todo el campamento acudían y la rodeaban, mientras ella, fuera de la tienda de Holofernes, esperaba el anuncio de su llegada. Se maravillaban de su belleza y de los israelitas y comentaban: «¿Quién puede despreciar al pueblo que tiene mujeres tan bellas?». Por fin, la condujeron dentro de la tienda de Holofernes, «que descansaba en su lecho, bajo un baldaquino de púrpura y oro adornado de esmeraldas y piedras preciosas».

El general salió a su encuentro «precedido de lámparas de plata». Ante la presencia del militar asirio, la hebrea Judit se postró en tierra. Pero enseguida la levantaron y Holofernes le habló así: «Ten confianza, mujer, no tengas miedo; jamás he maltratado a los que deciden servir a Nabucodonosor, rey de toda la tierra». Judit le pidió que la escuchara, «pues ninguna mentira diré a mi señor esta noche». Y, a partir de ahí, comienza un rosario de mentiras. Le dice que los hebreos están desobedeciendo a Dios, que comen animales prohibidos según la Ley, que han decidido consumir los diezmos del trigo y del aceite, partes sagradas reservadas a los sacerdotes de Jerusalén, y que por eso ella ha huido; añade que Dios los pondrá en sus manos: ella rezará cada noche para que Dios le indique cuándo su pueblo está cometiendo pecado; así podrá llegar Holofernes y dominarlos con su poder. «Entonces tú los conducirás como ovejas sin pastor y ni siquiera un perro ladrará contra ti».

Holofernes quedó maravillado por la belleza y las palabras de Judit y exclamó: «En el mundo entero no hay una mujer comparable a ésta en la hermosura y en la sabiduría». Y dirigiéndose a ella: «Eres muy hermosa y muy lista. Si haces lo que has dicho, tu Dios será mi Dios, vivirás en el palacio de Nabucodonosor y alcanzarás renombre en toda la tierra».

Holofernes la invitaba a comer de sus banquetes, pero Judit se había llevado su propia comida. Así transcurrieron tres días, y de noche, con permiso de Holofernes, la dejaban salir a rezar al campo. Al cuarto día, Holofernes preparó un banquete para sus amigos íntimos y envió al eunuco Bagoas a Judit. Su misión era convencer a la mujer hebrea para que participara en el banquete. «Trata de convencer a la hebrea», le dijo al eunuco, «para que venga a comer y beber con nosotros. Sería vergonzoso dejar marchar a semejante mujer sin habernos antes divertido con ella. Si no la conseguimos, se burlará de nosotros». Judit dijo al eunuco que aceptaba con mucho orgullo la invitación de su jefe y «se puso un vestido de gala y sus adornos femeninos». Cuando Judit entró, dice la Biblia que Holofernes «sintió una fuerte pasión por ella y un ardiente deseo de poseerla; desde que la había visto aguardaba el momento de seducirla».

LA MANO DE UNA MUJER

Holofernes le pide que coma, beba y se divierta con ellos. «Con mucho gusto bebo, señor, porque jamás me ha parecido la vida tan bella como hoy», le responde. Judit seguía mintiendo. Y Holofernes, bebiendo y comiendo. Bebió, dice el texto, «más que en todos los días de su vida». Y ésa fue la suerte de Judit: cuando ya todos, también medio borrachos, se habían ido y el eunuco la había dejado sola con el general, la hebrea oró a Dios pidiendo ayuda para realizar sus proyectos, se acercó a la cama en la que Holofernes estaba borracho, tomó su alfanje y dijo: «Señor, Dios de Israel, dame ahora fuerzas». Lo golpeó por dos veces en el cuello con todas sus fuerzas y le cortó la cabeza. Envolvió luego el cuerpo con la ropa de la cama y quitó las cortinas de las columnas.

Salió deprisa y dio la cabeza de Holofernes a su doncella, que metió el trofeo en la alforja de las provisiones. Juntas salieron a hacer la oración fuera de la tienda, como de costumbre, hasta que llegaron a las puertas de la ciudad sitiada de los israelitas. Cuando entró en ella, exclamó ante la presencia del pueblo que ya había oído su voz: «Alabad a Dios, alabadlo. Alabad a Dios que no ha apartado su misericordia del pueblo de Israel, sino que ha derrotado esta noche a sus enemigos valiéndose de mí». Y mostró a sus gentes la cabeza aún ensangrentada del general asirio. Algunos se desmayaron. Y mostró también las colgaduras «bajo las que el general dormía borracho». Y dijo: «El Señor le dio un golpe mortal por mano de una mujer».

Aquí el texto expresa una gran ironía: en aquel tiempo, en Israel, la mujer apenas significaba nada, no era sino el símbolo de la debilidad y de la ignorancia. Judit se complace en haber consumado una hazaña que correspondía a un hombre y que, para vergüenza de ellos, la había cumplido una mujer. Y todo ello, sin haberse «manchado», pues ella se apresura a decir: «Holofernes no pudo pecar conmigo, lo que hubiera sido mi profanación y mi deshonra».

Una historia edificante

Cuando los asirios descubrieron por la mañana que la bellísima mujer hebrea los había engañado y que el general había sido asesinado, se dieron a la fuga aterrorizados y los israelitas aprovecharon para bajar al campamento enemigo y saquearlo de arriba abajo «enriqueciéndose grandemente». Dice el texto que los israelitas «estuvieron saqueando el campamento de los asirios durante treinta días». Judit no se conformó con haberle cortado la cabeza a Holofernes, sino que pidió que la colgaran en lo alto de las murallas.

Cuenta la historia que Judit siguió dedicándose a su hacienda y que, a pesar de haber tenido muchos pretendientes, ella no quiso volver a casarse. Vivió 105 años. Antes de morir, dio la libertad a la esclava que la había acompañado en su hazaña y repartió su hacienda entre los parientes de su marido y entre los suyos. Dice la Biblia que, mientras ella vivió, «nadie volvió a amenazar a Israel».

¿Una historia edificante? Quizá no del todo para los judíos, ya que decidieron no incluir ese libro en la Biblia, aunque es verdad que siempre vieron en Judit una de las grandes fi-

guras femeninas de Israel junto a Rut y Ester. Los protestantes también la dejaron fuera del canon oficial. Los católicos
sí creyeron que la historia de Judit era edificante: la narración
de la viuda casta y piadosa, capaz de matar para defender la
fe de su pueblo, fue incluida en su Biblia.

CAPÍTULO XXVIII

Job

EL MISTERIO DEL DOLOR

Job es uno de los personajes más conocidos de la Biblia. Al mismo tiempo, es uno de los caracteres más complejos y las palabras que aparecen en su libro a menudo son indescifrables. La belleza literaria del texto, escrito originariamente en hebreo y prácticamente todo en verso, impresiona. El libro es obra de varias manos y de varias tradiciones y leyendas que se han ido superponiendo. Aborda el tema universal del dolor y la justicia. ¿Por qué tiene que sufrir el inocente? ¿Puede existir un Dios incapaz de hacer justicia? ¿Todo el dolor que cae sobre nuestras espaldas debe ser considerado castigo de algún pecado? Sobre este tema se enredan en animada conversación Job, presentado como un hombre rico, pero justo y recto, Dios, Satán y cuatro amigos del protagonista. Es una verdadera pieza teatral. Un drama, pero con sátira e incluso sarcasmo.

Lo que más llama la atención en el libro es la imagen que los amigos de Job tienen de Dios. Estos personajes, llamados Elifaz, Bildad y Sofar, defienden los estereotipos de la tradición: «Si Dios te prueba, debe de ser como castigo por tus pecados». Frente a esta idea, resulta sorprendente la imagen que Job tiene de Dios: presenta a un dios poco tradicional, un dios al que se le pueden pedir explicaciones, rebatir argumentos e incluso exigirle explicaciones (todos los textos del primer epígrafe de Job 1 y 2).

Job no era israelita; era originario de la ciudad de Hus, probablemente en Edón. Se siente inocente y, sin embargo, Dios permite que Satán descargue sobre él todo tipo de pruebas: la muerte de sus hijos, la pérdida de sus ganados y la lepra que cubrirá su cuerpo. Job en ningún momento se rebela contra Dios, con quien, sin embargo, discute abiertamente. En el enfrentamiento, se declara inocente. Pero aun en el caso de que hubiera cometido algún pecado que no conoce, considera que el castigo de Dios es desorbitado.

Es curiosa la familiaridad entre Dios y el Demonio. Ambos conversan como dos amigos. Y toda la historia de Job nace de una apuesta entre Dios y el Diablo. Dios está orgulloso de Job, de quien dice la Biblia que era un hombre «perfecto, íntegro, temeroso de Dios y apartado del mal». Era padre de siete hijos y tres hijas. Poseía siete mil ovejas, tres mil camellos, quinientas yuntas de bueyes y otras tantas de asnos, además de una numerosa servidumbre. Era un hombre rico. Sus hijos ofrecían fiestas en las que invitaban a sus hermanas. Job, para precaverse, después de cada fiesta, «les mandaba llamar para purificarles», y al día siguiente «se levantaba de madrugada y ofrecía un holocausto por cada uno de ellos. Porque pensaba: «Acaso hayan pecado mis hijos y hayan maldecido a Dios en su corazón».

Un día, Dios se encuentra con Satán. «Vengo de recorrer la tierra, de darme un paseo por ella», dice el Demonio. Dios, con una satisfacción explícita, comenta: «Entonces habrás reparado en mi siervo Job, pues no hay nadie en la tierra como él: hombre recto, íntegro, temeroso de Dios y apartado del mal». Satán, maliciosamente, le pregunta a Dios: «¿Es que Job teme a Dios desinteresadamente? Has bendecido las obras de sus manos y sus rebaños hormiguean por el país. Pero extiende tu mano y toca sus bienes. ¡Verás como entonces te maldecirá en tu cara!».

Dios acepta el reto. Está seguro de la fidelidad de Job, incluso en la desgracia, y le da permiso a Satán para que lo pruebe, con la condición de que no toque a su persona. El demonio estaba seguro de la debilidad de Job y no reparó en medios: acabó con todo su ganado e hizo que sus siervos fueran acuchillados; hizo bajar fuego del cielo y mató incluso a sus pastores. Pero aún le pareció poco e hizo levantar un viento fuerte que acabó con su casa, matando a todos sus hijos, que estaban allí celebrando una fiesta.

«MALDICE A DIOS Y MUERE»

¿Qué hizo Job? Se levantó, rasgó sus vestiduras en señal de luto y se rapó la cabeza. Se arrodilló y rezó con estas palabras: «Desnudo salí del vientre de mi madre, desnudo allí regresaré. El Señor me lo había dado, el Señor me lo ha quitado; sea bendito el nombre del Señor».

De nuevo, Dios se encuentra con Satán. Yahvéh le pregunta al Demonio si no ha reparado en la firmeza de Job y en su lealtad a Dios a pesar de haber perdido toda su hacienda y a sus propios hijos y siervos.

Satán tragó saliva y le dijo a Dios que probase a tocarle en su piel y vería cómo maldecía a su Señor. Dios estaba seguro de Job y permitió al Demonio que castigase el cuerpo de Job, pero a condición de que no acabara con su vida. Satán «le envió una llaga maligna desde la planta de los pies hasta la coronilla de la cabeza». Y Job, con un cascote de teja para rasparse las llagas, fue a sentarse sobre las cenizas.

En este momento, entra en escena la mujer del pobre Job, todo llagas, quien harta de tanta desgracia sobre su familia le dice sin tapujos: «¿Todavía perseveras en tu rectitud? Venga, maldice a Dios y muere». Job no se rinde: «Hablas como una mujer necia», le dice, «si se acepta de Dios el bien, ¿no se ha de aceptar el mal?». Entonces llegan hasta Job tres amigos suyos: ya desde lejos quedan horrorizados ante su terrible aspecto. Se sientan a su lado y se quedan con él una semana. Intentan convencerle de «que nadie es inocente ante Dios». Viendo Job que sus amigos intentan convencerle de que algo habrá hecho para merecer tal castigo, pierde la paciencia y pronuncia un largo soliloquio en el que no maldice a Dios, sino el día en que nació:

Perezca el día en que nací
y la noche que se dijo: "¡Ha sido concebido un hombre!".
Aquel día hágase tiniebla.
[...] Aquella noche sea estéril,
ignore los clamores de júbilo.
La maldigan los que maldicen el día,
los que suelen despertar a Leviatán.
Se oscurezcan las estrellas de su aurora,
espere la luz y no le llegue;
y no vea los párpados del alba
por no haberme cerrado la puerta del vientre de mi madre
para ocultar a mis ojos el dolor [...].
No tengo calma,
no tengo paz,
no hallo descanso;
sólo la turbación me invade (Job 3, 3 y siguientes).

Dios no castiga a los inocentes

Uno de sus amigos, Elifaz, le hace un sermón. Le dice que él había «vigorizado las manos del débil», que «había sostenido las palabras de los que vacilaban» y «fortalecido al que doblaba la rodilla». Y le echa en cara que, ahora que le toca a él la prueba, se turbe. «¿No te daba confianza tu piedad? ¿No era la esperanza la perfección de tu conducta? ¿Qué inocente ha perecido nunca?». Es el colmo. Fue tanto como decirle: «Si fueras inocente, Dios no te habría castigado así; en algo habrás pecado». Job, en vez de responder al amigo, se dirige a Dios diciéndole que no va a cerrar su boca:

Voy a quejarme en la amargura de mi alma.
¿Soy yo el monstruo marino

para que pongas guardia en torno a mí?
Si digo: "Mi lecho me consolará,
mi calma aliviará mi sufrimiento",
entonces con sueños Tú me espantas,
con visiones me aterras [...].
Me estoy disolviendo, no viviré para siempre;
déjame, pues mis días son un soplo.
¿Qué es el hombre para que de él así te ocupes,
para que pongas en él tu pensamiento,
para que le visites todas las mañanas
y a cada instante le sometas a prueba?
¿Hasta cuándo seguirás vigilándome?
¿No me dejarás ni tragar saliva?
Si he pecado ¿qué te he hecho a ti con ello,
oh, guardián de los hombres?
¿Por qué me has hecho blanco tuyo?
¿Por qué te causo inquietud?
¿Por qué mi ofensa no toleras
y no ignoras mi delito?
Muy pronto yaceré en el polvo;
me buscarás y ya no existiré (Job 7, 12 y siguientes).

Los versos reflejan fuerza de amor y desesperación a un tiempo, y esconden sin embargo un impresionante cariño filial: «Muy pronto yaceré en el polvo, / me buscarás y ya no existiré». Es un desahogo y un desafío. Como un hijo que le dice a su padre: «Te vas a arrepentir, porque voy a morir y, cuando quieras buscarme, cuando te arrepientas de haberme hecho sufrir tanto, ya no me tendrás».

Los amigos, sin embargo, siguen en sus trece, en sus ideas fijas, en una concepción estereotipada de Dios. Esta vez es Bildad quien se encara con Job y le dice: «¿Acaso Dios tuerce el derecho y el Todopoderoso pervierte la justicia?»; y añade: «Tú, recurre a Dios e implora su justicia». Era tanto como exigir: «No hagas tantas preguntas; no quieras saber por qué Dios te ha tratado así, porque Él siempre es justo».

Job sigue otro camino. En su diálogo vehemente y sincero con Dios, sigue interrogándolo. No le importa que sus amigos se burlen de él, porque no va a renunciar a comunicarse con Dios y expresar sus dudas sobre la justicia y la injusticia:

> Cuando pienso en ello me estremezco,
> un escalofrío recorre mi carne.
> ¿Por qué viven los malvados,
> envejecen y mantienen su vigor?
> Su estirpe prospera en torno a ellos
> y sus vástagos crecen a su vista.
> En paz sus casas, nada temen;
> la vara de Dios no les alcanza.
> Su toro fecunda a la primera,
> su vaca pare y nunca aborta.
> Dan suelta a sus niños como ovejas,
> sus hijos brincan retozones.
> Cantan con tímpanos y cítaras,
> al son de la flauta se divierten.
> Sus días transcurren felizmente,
> y en paz descienden al abismo [...].
> Unos mueren en plena dicha,
> en el colmo de la seguridad y de la paz,
> cuando están sus ijares llenos de grosura,
> bien nutrido el meollo de sus huesos.
> Y otros mueren con el alma amargada,
> sin haber gozado de la felicidad.
> Juntos luego yacen en el polvo
> y los gusanos los recubren (Job 21, 6 y siguientes).

Job sigue interrogando a Dios sobre la injusticia con estas palabras llenas de amargura:

> Los criminales remueven los linderos,
> se llevan el rebaño robado.

Arrebatan el asno de los huérfanos,
toman en prenda el buey de la viuda.
Expulsan a los indigentes del camino,
todos los pobres del país han de esconderse.
Otros, como asnos salvajes en el desierto,
salen en busca de comida,
del alimento que la estepa les da para sus crías.
Espigan en los campos por la noche,
vendimian la viña del malvado.
Desnudos pasan la noche sin vestido,
no tienen manta para el frío.
Empapados por el aguacero de las montañas,
faltos de cobijo, se pegan a la roca [...].
Sin molinos para exprimir el aceite,
pisan los lagares y no apagan la sed.
Desde la ciudad gimen los moribundos,
el alma de los heridos grita,
mas Dios no hace caso de sus quejas [...].
Para todos ellos la mañana es sombra espesa,
la luz del día les aterra.
Si no es así, ¿quién me desmentirá
y reducirá a nada mis palabras? (Job 24)

JOB: EL BUSCADOR DE RESPUESTAS

Job es un buscador de respuestas y hace frente a las preguntas más acuciantes de todos los tiempos. ¿Cómo entender a un Dios que envía sus iras contra los pobres y humillados y no castiga a los impíos? ¿Cómo hablarle a Dios? ¿Cómo convencerle de que nos es imposible alcanzar sus extraños designios? Job llega a pensar que a Dios no le importa que el hombre sea justo o no, porque el hombre no es más que polvo frente a la grandeza infinita de Dios. Llega a imaginar que incluso es imposible ofender a Dios, como a un niño pequeño le resulta imposible ofender gravemente a su padre, por travieso que sea.

Los amigos de Job piensan de otro modo. Todo es muy claro para ellos: quien peca, paga; quien peca, ofende a la divinidad y debe asumir el castigo.

La historia de Job tiene un final inesperado: Dios, a pesar de todas las quejas que ha recibido de Job, se pone de su parte y niega la imagen clásica y conservadora que de Él tienen sus amigos.

Job había hablado así:

Reconozco que lo puedes todo;
ningún proyecto te es imposible.
¿Quién ensombrece tu designio
con palabras insensatas?
He hablado sin cordura
de maravillas que no alcanzo ni comprendo.
Escúchame, déjame hablar;
yo te interrogaré y Tú me instruirás.
Sólo te conocía de oídas;
pero ahora, en cambio, te han visto mis ojos.
Por eso retracto mis palabras
y en polvo y ceniza hago penitencia (Job 42).

La experiencia del dolor ha madurado su espíritu y es capaz, ahora, de ver el rostro de Dios.

El libro de Job concluye afirmando que «la ira de Dios se encendió» contra los amigos de Job, «porque no habéis hablado de mí como mi siervo Job». No los castiga por consideración a Job, cuyo modo de proceder, incluso con todas sus rebeldías y sus incertidumbres sobre la conducta de Dios con los hombres, agradó más al Señor que la defensa a ultranza que de Él hacían sus amigos, que no albergaban dudas sobre nada.

Dios, en un final feliz, devuelve a Job el doble de los bienes que Satán le había arrebatado. Le dio otros catorce hijos varones y tres hijas. Y dice la narración que no había en aquellos lugares mujeres más bonitas que las hijas de Job, a quien puso por nombre Paloma, Canela y Estibina. Job vivió 140 años y Dios le permitió ver a su descendencia hasta la cuarta generación.

De su mujer, que le había aconsejado que maldijera a Dios, no vuelve a hablar el relato. Ni de Satán, a quien seguramente no le gustó demasiado el desenlace de la historia.

Al final del viaje

El lector que haya llegado al final de nuestro viaje habrá podido notar —como me ocurrió a mí mismo— que la Biblia es más que un libro, y que sus personajes son más que los de una simple novela. Quien por primera vez, tras haber entrado en una librería y comprado un ejemplar de las Sagradas Escrituras, se apresta a realizar el viaje de su lectura, se dará cuenta, enseguida, de que la tarea no es fácil, aunque sí fascinadora. La lectura de la Biblia brinda sorpresas a cada esquina, porque se trata, como dijimos en el comienzo de esta obra, de un monumento religioso-literario de los más ricos y complicados que ha producido la humanidad. Un monumento cultural lleno de sorpresas y secretos, muchos aún por desvelar. Este libro quiso ser un estímulo a viajar por él.

La Biblia es un libro importante para creyentes y agnósticos. Sin su lectura total o parcial nuestro bagaje cultural y antropológico se queda incompleto, porque además, los elementos fundamentales de la tradición de patriarcas y profetas bíblicos están ya en el inconsciente colectivo, por lo menos de los occidentales, al igual que lo están sus personajes. Por ello, en el viaje a los entresijos de la Biblia hemos querido dejar constancia de los perfiles de un puñado de esos cientos de personajes que pueblan el Antiguo Testamento, algunos familiares desde nuestra infancia, cada uno de los cuales daría materia para una novela. El lector se podrá preguntar por qué hemos escogido ésos y no otros. Sencillamente porque queríamos sólo demostrar la fuerza literaria, las grandezas y las miserias de esos personajes que, juntos, crean la gran epopeya bíblica que no es mítica, porque arranca de una raíz histórica. Y hemos ofrecido sólo un botón de muestra.

Los retratos presentados de Adán y Eva, de Jacob, Moisés, Judit, Job, etcétera, son una especie de perfiles periodísticos de los personajes basados exclusivamente en los relatos presentados en la Biblia. Sin duda, se trata de caracteres que poseen un espesor mayor del que aparece en esos retratos, tanto desde el punto de vista teológico como antropológico, pero que en esta obra hemos querido presentar sobre todo en sus aspectos más humanos. ¿Que por qué esos personajes aparecen en este libro tan diferentes a veces de los sublimados en las historias de la religión de carácter apologético de las diferentes Iglesias? Porque no hemos escondido nada de la trama humana de los mismos. ¿Que cómo se explican algunos aspectos humorísticos y hasta cómicos de algunos de ellos? Porque la Biblia encierra una gran porción de humor, algo, por lo demás, bien característico de la índole judía.

Precisamente, una de las grandezas de la Biblia es que no mitifica a sus personajes escondiendo sus debilidades humanas, como tampoco oculta sus grandezas. Por eso la Biblia es creíble, a pesar de no ser un libro completamente histórico. Es un documento lejano de nuestro mundo en el tiempo, y a la vez cercano en las peripecias y aventuras de sus personajes, cuyos problemas, angustias, miedos, desvaríos, sentidos de culpa y también esperanzas, en poco se diferencian de las nuestras. Es difícil que alguien, en algún momento de su historia personal, no se haya visto obligado, por ejemplo, a gritar a Dios, desde lo profundo de su fe o de su ateísmo, desde su soledad, como lo hizo el autor de los Salmos: «¿Por qué me has abandonado?»

La Biblia y sus secretos se terminó de imprimir en julio de 2005, en Encuadernación Ofgloma, S.A., calle Rosa Blanca 12, col. Santiago, Acahualtepec, C.P. 09600, México, D.F.